数字化环境下的学习行为分析与异常学习行为识别

杨鹤 著

科学出版社

北京

内 容 简 介

本书分为两个部分，第一部分探讨了与数字化环境下的学习相关的概念、与学习行为相关的理论、数字化环境下学习行为的影响因素。以大学生持续参与混合式学习意向的影响因素为一个具体研究问题，以实证研究的方式探讨了数字化环境下学习行为的影响因素。第二部分探讨了学习行为研究的相关方法、技术和产品，讨论了异常学习行为识别的一般性模型。以人工免疫系统中的反向选择算法为例，探讨了智能算法在数字化环境下异常学习行为识别中的应用效果。

本书可供高等院校学生使用，也可供对学习理论与实践、数字化环境下的学习、人工智能技术在教育中的应用等研究领域感兴趣的研究者参考。

图书在版编目（CIP）数据

数字化环境下的学习行为分析与异常学习行为识别 / 杨鹤著．—北京：科学出版社，2023.9

ISBN 978-7-03-076008-1

Ⅰ．①数…　Ⅱ．①杨…　Ⅲ．①学习方法-研究　Ⅳ．①G791

中国国家版本馆 CIP 数据核字（2023）第 133035 号

责任编辑：阚　瑞 / 责任校对：胡小洁

责任印制：赵　博 / 封面设计：蓝正设计

科学出版社 出版

北京东黄城根北街 16 号

邮政编码：100717

http://www.sciencep.com

中煤（北京）印务有限公司印刷

科学出版社发行　各地新华书店经销

*

2023 年 9 月第　一　版　开本：720×1000　1/16

2024 年 8 月第二次印刷　印张：9 3/4

字数：200 000

定价：98.00 元

（如有印装质量问题，我社负责调换）

前　言

数字化学习环境利用多媒体和网络技术将学校的主要信息资源数字化，实现数字化教学内容管理、数字化信息管理和沟通传播，从而形成高度信息化的人才培养环境。数字化的学习环境包含网络学习环境、混合式学习环境、移动学习环境、智慧学习环境和虚拟学习环境等，无论是哪种形式的数字化学习环境，环境的变革都改变了教与学的呈现方式，对教师和学习者提出了新的要求。

学习是获得新的理解、知识、行为、技能、价值观、态度和偏好的过程，学习行为是在学习的过程中，围绕学习任务进行的活动及与环境交互所形成的表现。学习行为是学习者学习状态的反应，直接关系到学习的效果，是教学反馈的重要依据。教育学、心理学、行为科学等研究领域都将学习行为作为重要的关注点。传统面对面的学习环境中，教师的观察是捕获学习行为的主要方式，在数字化学习环境中师生时空分离成为常态，传统的观察法难以发挥作用。与此同时，数字化学习环境所独有的数据记录、存储和分析的便利性为学习行为研究带来新的思路。计算机技术、人工智能在数字化学习环境中日益广泛的应用带来了教育数据挖掘、学习分析等基于技术的研究方法，并逐渐成为学习行为研究的新主流。

在学习行为研究中，异常的学习行为是指示学习困难、学习失败的重要标志，面对面学习环境中，有经验的教师通过观察学习者的行为能及时发现异常，采取干预措施，纠正学习问题，降低学习失败的风险。在数字化学习环境中，异常的学习行为不易被及时察觉和纠正，问题的积聚可能会导致严重的后果。学习行为因人而异、因时而变，如何像教师一样智能地捕捉学习行为的蛛丝马迹，对异常行为进行早期预警和干预，是数字化学习环境中学习成功的关键。人工智能以其高度的自适应性为数字化学习环境下异常学习行为的分析提供了技术支撑。

以数字化环境下的学习行为作为切入点，本书第一部分总结了数字化学习环境下学习方式和学习者的特征，回顾了教育学、心理学和行为科学中与学习行为研究相关的理论，归纳了可能影响数字化学习环境下学习行为的内外部因素。以混合式学习中大学生持续学习的意向为研究实例，以实证研究的方式探讨了影响数字化环境下学习行为的关键因素。

以异常学习行为识别作为具体着眼点，本书第二部分总结了教育心理学、学习分析、教育数据挖掘等领域有关学习行为分析的具体思路和研究成果以及相关产品。归纳了异常学习行为识别的研究框架，以人工免疫系统中的反向选择算法作为人工智能技术的一个算法实例，以 MOOC 学习行为日志数据作为研究对象，探讨了智能算法在异常学习行为识别中的应用及其识别效果。

本书梳理了数字化学习环境下学习行为相关的研究方向、研究方法和研究成果，厘清了该领域的研究脉络；以作者已发表的研究成果作为具体的实践案例，探讨了数字化环境下影响学习行为的因素和基于人工智能的方法在异常学习行为识别中的应用。希望借此与关注数字化学习环境下学习行为的研究者共同探讨，互相启迪。

感谢中国博士后基金资助项目“网络学习环境下异常学习行为的动态检测模型研究”(2018M640738)和湖北省教育厅重点科学研究资助项目“大数据背景下网络学习行为的精准分析及异常检测研究”(D20193002)对本书的资助。感谢合作导师华中师范大学刘清堂教授对基于人工智能技术的数字化环境下学习行为研究的指导，感谢纽约州立大学奥斯威戈分校杨浩教授对数字化环境下学习行为研究影响因素实证研究的指导。感谢我的同事蔡进老师在研究思路方面的启迪，感谢雷建军教授协助我收集研究数据。感谢研究生田雨柔对全书进行了校对。

杨　鹤

2023 年 1 月

目　录

第一部分　数字化环境下的学习行为

第 1 章　数字化环境下的学习

学习是获得新的理解、知识、行为、技能、价值观、态度和偏好的过程。本章将首先剖析学习的内涵，接着从学习环境、学习者和学习方式三个层面探讨数字化对学习的影响。

1.1　学习的内涵

人类的学习从出生开始，并且随着人与人之间持续的互动直到死亡。不同时期，从不同角度看待学习都有不同的理解，古今中外的哲学家、思想家、教育家对学习都有各自的论述。进入数字化时代，人类的生存环境随数字技术发生改变，学习同样面临变革。

1.1.1　什么是学习

学习一词最早出自《论语》中的“学而时习之，不亦说乎？”以孔子为代表的中国古代教育家认为“学”就是见、闻与模仿，是获得信息、技能，是接受图像、声音、触觉、味觉等感官信息，后来也发展为接受书本的知识和思想。“习”就是巩固知识和技能的行为，通常包含温习、实习、练习等。“学”更偏重于思想和理论，“习”更偏重于行动和实践。学属知，习属行，学习二字互相依存，即知行合一。

在国外，关于什么是“学习”，不同领域、不同时代的理论研究者、实践工作者也有各自不同的观点和论述，尤其是在心理学领域，不同流派对“学习”给出了各不相同的定义。

行为主义将学习定义为：刺激和反应之间形成的联结。持这一观点的主要是机能主义心理学哥伦比亚派的代表学者桑代克。因其早期的研究主要通过观察动物行为来研究动物心理，他根据对动物“学习”的实验研究将学习归纳为刺激和反应之间形成的联结，并提出准备律、练习律和效果律三大学习定律。

新行为主义将学习定义为：在有效的强化程序中不断巩固刺激和反应之间的联结，塑造有机体行为的过程。新行为主义的代表斯金纳认为，塑造有机体行为的过程就是学习的过程。如果一个操作发生后，接着给予一个强化刺激，那么其强度就会增加。根据强化操作原理，斯金纳提出了“教学机器”。将一门学科的内容分解成一系列“小步子”且递进的知识项目，依次呈现给学习者，当学习者完成前一阶段的学习后才能进入下一阶段，学习者可以自主掌握学习进度。教学机器所体现的新行为主义的学习观点是：学习是条件作用，学习是行为塑造，学习可以分解为一个个小步子，可以不断被强化。

认知主义认为：学习的目的和实质在于形成和发展人的内在认知结构，人在学习活动中不是单纯地积累知识，更重要的是不断促成“格式塔转换”，产生学习的“顿悟”。学习不是盲目、消极地接受刺激，而是有目的地探究，是富有想象力的创造性活动。

建构主义将学习定义为：一种主体转变为客体的结构性动作，其目的在于取得主体对外部自然与社会环境的适应，从而达到主体与环境之间的平衡，同时将这种动作协调结构内化为主体的认知结构。内化包含同化和顺应两种形式，在同化和顺应交替进行的过程中，主体的认知图式得到建构和发展，从而使主体与外界环境之间的关系不断打破原有平衡，达到新的平衡。

维果斯基社会建构理论将学习定义为：人所特有的高级心理结构与机能，这种机能不是从内部自发产生的，而只能产生于人们的协同活动和人与人的交往之中。这种高级心理机能最初形成于人的外部活动中，并在活动中逐渐内化，成为人的内部各种复杂心理过程和结构。

心理学理论多来源于动物实验研究，其关于学习的定义在对象上既包含人，又包含动物，过于宽泛。从心理学的角度研究学习，侧重于关注个体学习活动的心理机能，对学习主体的社会文化背景、学习对象的社会历史演变、学习活动受到的社会激励或制约等因素关注不足。从教育学的角度出发则主要关注的是人的学习，在定义对象上缩小了范围并关注到学习主体所处的社会环境等因素。桑新民教授在《学习科学与技术》一书中将教育学视野中的学习定义为“人类个体或团体、组织在认识和实践过程中获取经验和知识，掌握客观规律，使身心获得发展的社会活动。学习的本质是人类个体和人类整体的自我意识与自我超越。”[1]该定义首先强调了人的学习既是个体化的活动又是社会性的活动，其主体既可以是人类个体，又可以是不同层次的团体和组织甚至整个人类社会；其次强调了学习的内容是获取知识和经验，掌握客观规律并用来指导自身发展；最后强调了学习的目的和结果是使个体身心获得发展，使个体和人类整体不断实现自我意识和自我超越。这一定义与本书所讨论的“学习”契合度更高。

1.1.2　数字化学习

2000 年 6 月美国教育技术首席执行总裁论坛(the CEO forum on educational technology，ET-CEO)在以“数字化学习的力量：整合数字化内容”为主题的第三次年会中正式提出了数字化学习的概念，即将数字技术与课程教学内容的整合方式称为数字化学习。并阐释了将数字技术整合于课程中，要建立适应 21 世纪需要的数字化学习环境、资源和方法[2]。此时的数字化学习又被称为 e-learning 1.0，是数字化学习进化发展过程的第一阶段。2003 年 Welsh 等学者提出“数字化学习指的是使用计算机网络技术，特别是通过互联网络进行学习”[3]。2005 年 Stephen Downes 正式提出了数字化学习 2.0 即 e-learning 2.0 的概念。他认为数字化学习 2.0 是指“学习者为中心、沉浸式学习、联结学习、基于游戏的学习、非正式学习和移动学习”[4]。e-learning 2.0 是对 e-learning 1.0 的继承和发展。2006 年，Bryn Holmes 和 John Gardner 指出“数字化学习是一种基于网络环境，具备了从提供动态信息、获取教学资源，到允许学习者参与复杂的交互式虚拟教学活动等多种功能，通过创建不仅支持信息传递，而且支持经由信息的探索和应用以获取新知识的虚拟环境，为教育者和学习者提供了强化教学和学习经验的机会”[5]。2011 年，英国普利茅斯大学的 Wheeler 教授首次提出数字化学习 3.0 即 e-learning 3.0 的概念，揭开了教育界“数字化学习”新发展的面纱[6]。数字化学习 3.0 实现了人类随时随地的连接和学习。

在国内，2001 年 8 月李克东教授率先从信息技术的角度提出了数字化学习的定义，他认为数字化学习是指学习者在数字化的学习环境中，利用数字化学习资源，以数字化方式进行学习的过程，它包含三个基本要素，即数字化学习环境、数字化学习资源和数字化学习方式[2]。同年 11 月，何克抗教授在广州举行的以 e-learning 为主题的“教育技术论坛”研讨会上，以 e-learning 与高校教学的深化改革为题做了报告，引发了学者们对 e-learning 的广泛探讨，他提出：“数字化学习是指通过互联网或其他数字化内容进行教学与学习的活动，它主要利用现代信息技术所提供的、具有全新沟通机制与丰富资源的学习环境，实现一种全新的学习方式，它将改变传统教学中教师的作用和师生之间的关系”[7]。2013 年《中国职业技术教育》记者刘红指出“数字化学习是在数字化的学习环境中，通过提供数字化的学习资源和支持服务，运用数字化的学习方式所进行的学习”[8]。2016 年上超望等研究者提出：数字化学习 3.0(e-learning 3.0)是在彻底变革传统学习模式的基础上，通过 web3.0 技术所提供的理想学习环境，将学习所关注的焦点从“学什么”转变为“怎么学”，为学习者随时随地的学习提供资源与智能解决方案，建构实现“人人可学、处处可学、时时可学、互补融合”的生态学习方式，促进技术向教育本质的回归，是一种更加开放的自组织学习[9]。

通过对比和分析不同研究者提出的概念，可发现数字化学习是一种在信息化社会环境中，充分使用数字化资源(或现代信息技术)，具有终身性、广泛性、开放性、多样性、动态性、非正式性与创新性等特征的学习方式，它是教育走向现代化的重要一步。

1.2 数字化学习环境

狭义的学习环境一词指的是教学活动发生的物理场所，即俗称的“教室”[10]。广义的学习环境包括教育机构、教师、学习氛围和文化、学习者的学习体验、学习风格、学习方法等。虽然物理的学习环境并不能对学习活动起决定性作用，但研究证据表明，环境与学习活动之间确实存在密切的关联[11]，数字化技术的应用改变了学习环境，并由此推动了学习方式的变革。

1.2.1 学习环境

学习环境随学习者学习活动的需求而改变。畜牧文明和农业文明时代，大众学习的需求多为狩猎、耕织等劳动技能，因此学习环境多为野外、田间，通常是不固定的，按照学习者的需求自主选择，有较大的随意性。随着社会的发展，统治阶级和少数社会精英开始有文字、思想等学习的需求，因受教育人群较小，口耳相传的父传子、师带徒的方式完全能够满足学习的需求，与之相匹配，学习环境开始呈现出弟子围绕师傅，师生以不规则的形式聚集的特征，甚至出现了小规模的固定教学空间，如私塾等。但这一时期对学习环境的要求仍然不高，只要能够满足基本读写所需要的条件即可。

在人类社会进入工业文明后，大规模的工业化生产对技能型劳动者的需求猛增，大众教育开始逐渐普及。为适应教育从精英主义向大众化的转变，以统一规格为特征的班级授课制开始出现，秧苗式的教室布局，因其能在有限的条件下高效完成知识的传授，多年来，在教学中广泛采用。满足班级授课需求的黑板、粉笔等物理器材与教室一起，成为学习环境中的必备设施。此后，工业技术被用于优化学习环境，例如，提供照明、调整温度，以技术的方式服务物理学习环境，或是以提供标本、实物模型和挂图等教具的形式，给予学习者更加丰富、准确的学习资源和直观经验。

20世纪后期，信息技术将人类社会由传统的工业化时代推向信息化时代，多媒体技术和互联网日益普及,世界各国都开始进行信息技术与教学相结合的尝试，数字技术进入人们的日常学习中，形成了数字化学习环境。1996年，倡导“数字化生存的”的尼葛洛庞蒂教授认为“信息的DNA正在迅速取代原子成为人类生活中的基本交换物，传统的大众传播方式正演变成个人间的双向交流。这意味着，我们的学习、工作、娱乐……总之，人类的生活方式在信息化”[12]。世界著名市场调研机构经济学人智库(economist intelligence unit)和IBM商业价值研究院主张：“世界上每一个角落都需要数字化学习”。数字化改变了学习的时空观念。从空间上看，数字化学习资源的全球共享，以及虚拟课堂、虚拟学校的出现使学习不再局限在实体学校中，随时随地通过互联网接入，即可开展学习活动。从时间上看，在信息时代只通过课堂上的集中学习已不足以获得终身够用的知识和技能，学习从阶段性向终身性转变。学习环境因技术而改变，数字化环境的发展推动着学习方式的变革也推动着学习者自身的改变。

1.2.2　数字化学习环境

信息技术在教学中的应用，改变了学习环境、学习资源和学习方式。以多媒体和网络技术为核心的信息技术的普及，改变了信息的呈现和传播方式，形成了数字化的学习环境(digital learning environment，DLE)、数字化的学习资源(digital learning resources，DLR)和数字化的学习方式(digital learning mode，DLM)。美国教育技术首席执行总裁论坛不仅在第 3 次年会中正式提出了数字化学习的概念，更强调建立培养适应 21 世纪需要的数字化学习环境、资源和方法是学校、教师、学生和家长必须采取的行动。

数字化学习环境的基础是多媒体技术和计算机网络，上述两种技术的应用突破了时空的限制，放大和延伸了学习空间，改变了学习的观感和师生相处的方式，随之带来与传统学习环境完全不同的学习方法、学习氛围和学习体验。依据数字化学习环境呈现的特征，可以将其划分为四个发展阶段。

(1) 第一阶段(数字化学习环境的诞生)：20 世纪 90 年代

数字化学习环境发展的第一阶段，以单机多媒体系统和低速网络学习空间为特征。这一时期，多媒体技术的快速发展使创作和发布多媒体资源变得便利而经济，多媒体教育内容和多媒体教育系统具有了大规模普及的可能。但受传输带宽的限制，多媒体资源仅限于单机应用，网络传输的学习资源局限于文本，呈现出单一媒体的形式，并且严重依赖异步学习，所以主要支持的学习方式是高度互动的非实时网络课堂。这一时期，那些原本使用广播电视开展远程教育的机构开始开设完全在线课程，将学习环境由传统教室延伸到网络空间，宾夕法尼亚州立大学世界校区就是典型的案例之一。

(2) 第二阶段(数字化学习环境的全面发展)：21 世纪初

到 21 世纪初，网络技术发展到数字化时代。随着带宽的增加，包含图像、音频、视频在内的多媒体资源在数字化学习环境中的应用越来越广泛。而社交媒体的出现，提供了新的互动方式。网络课堂不再仅仅被视为远程教育的工具，而是应用到主流教育中，取代或作为面对面课堂的补充，学习环境由单一开始变得混合。在这一阶段，欧美高校开始大规模推广网络和混合式课堂。为了管理数字化学习环境中的资源，并提供数字化学习的平台，学习管理系统(learning management systems，LMS)诸如 Blackboard、Desire2Learn 和 Moodle 等开始流行。

(3) 第三阶段(大规模数字化学习环境出现)：2008～2013 年

这一阶段，MOOC 开始出现。MOOC 是英文“massive open online courses”的首字母缩写，音译为“慕课”，意译为“大规模开放式网络课程”。这一概念由 Dave Cormier 和 Bryan Alexander 于 2008 年创造，所谓大规模是指相对于传统的班级式授课来说，参与学习的学习者规模大，数量多。“开放”是指相对于学校设置了入学门槛而言，MOOC 面向所有人开放，基本不设门槛。“网络”则是指课程的学习是在网络上进行的。MOOC 是一种先进的教学理念，实现了以内容中心的学习资源共享向以学习为中心的大规模开放课程的跨越。斯坦福大学、哈佛大学和麻省理工学院等知名高校迅速注意到 MOOC 这一新事物，随后 Udacity、Coursera 和 edX 三大 MOOC 平台相继推出。在我国，学堂在线、中国大学 MOOC 等产品迅速跟进，数字化的学习环境在这一时期迅速发展并席卷全球。

(4) 第四阶段(数字化学习环境向移动化、混合化、虚拟化、智能化转变)：2014 年至今

智能手机的广泛普及迅速将数字化学习空间由电脑端拓展到移动端，而一直在扩张的数字化学习环境在 MOOC 大规模推广后，不得不面临辍学率高、学习效果欠佳等现实问题。传统和创新从来就不是对立存在的，数字与传统，线上与线下混合的学习环境可让学习者与教师进行更广泛的互动，最大限度发挥两者的优势。多媒体技术将单一的学习资源传输方式变革为多种媒体技术的融合呈现，而虚拟现实技术的出现，则将资源的呈现升级为全方位的感知和身临其境的体验。物联网技术、云计算技术和智能技术与教育的深度融合，不仅将传统的学习环境智慧化，诞生了智慧教室等物化实体，更为自适应学习、个性化学习提供了数据和算法支撑。数字化学习环境正向移动化、混合化、虚拟化和智能化演进。

1.2.3 下一代数字化学习环境

有调查显示到 2014 年，已有 99%的大学建立了数字化学习环境，并实现了通过学习管理系统对学习环境、学习过程和学习资源的管理，74%的教师认为配备学习管理系统的数字化学习环境对教学是有益处的。与此同时，希望数字化学习环境能更好地支撑交流、合作和个性化的学习诉求出现，单一部署的、以网络为基础、以学习管理系统为组织和管理模式的数字化学习环境已经不能满足需求，客观上需要对数字化学习环境进行扩展，以包容更多的个性化需求，和提供更强大的学习分析功能。

2014 年，美国高等教育信息化协会 EDUCASE 提出了下一代数字化学习环境(next generation digital learning environment，NGDLE)的倡议。NGDLE 的功能包括交互操作、个性化支持、学习评估、分析和建议，具有合作性、可访问性和普遍性。具备上述功能的 NGDLE 被认为是一种高度可定制且适应性强的数字化生态

系统，没有任何一种单一的应用程序可以支持所有的功能，因此 NGDLE 的实现方式是采取类似“乐高”的方式拼接和扩充而成。基于上述构想，明尼苏达大学提出了 NGDLE 的模型，如图 1.1 所示。

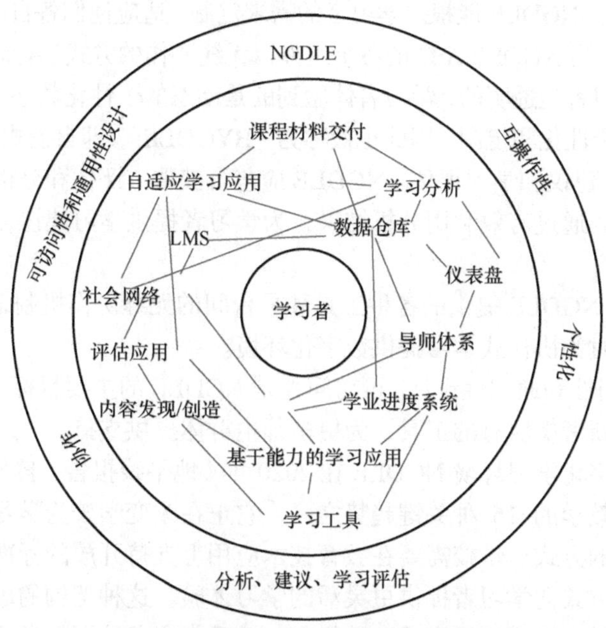

图 1.1　明尼苏达大学 NGDLE 模型[13]

NGDLE 是数字化的，是连接师生的生态系统，是一个动态的、相互关联的、不断发展的学习者、教师、工具和内容的社区，而不是一个单一的应用程序或管理软件。这使得它的结构与之前的学习环境不同，具有以下特征[14]。

(1) 在构建层，它是一个信息技术系统的联合体，包括内容存储库、分析引擎和各种各样的应用程序和数字服务。

(2) 它拥有一套完整的交互操作标准及数据和内容交换标准，能让这样一个联合体发挥作用。

(3) 它打破了统一和集中的管理，在各个层面支持个性化，所以 NGDLE 对于任何两个学习者、教师或教育机构来说都不会完全相同。

(4) 对用户来说，NGDLE 类似于云空间，具备聚合和连接内容的功能，其个性化通过类似于智能手机的方式来体现，用户可以直接用自己选择的应用程序来打造个性化的学习环境。

(5) NGDLE 使用来自多个来源的内容来创建在单个图形界面中显示的单个新服务，在个人和机构级别提供个性化的组合。

为真正实现范式的转换，NGDLE 应该具有以下 5 个核心功能[15]。

(1) 互操作性和集成性。为了使 NGDLE 系统成功运行，所有潜在组件都应具有完整的集成功能，并且各组件之间要能够相互通信，所以内容格式应符合统一的标准。

(2) 个性化。NGDLE 能根据学习者的需求定制，适应他们各自的学习重点，契合其学习风格。当 NGDLE 系统的各个组件以无缝协作的方式运行时，系统底层的工作方式对学习者是透明的，学习者体验到的是动态的个性化数字学习环境。因为学习环境支持个性化和定制，因此也被称为“BYODLE”，即自携式数字学习环境。

(3) 分析、建议和学习评估。NGDLE 应包含获取、评估和分析学习过程和结果数据的工具。通过有效利用分析结果，为学习者提供学习建议，为教育机构评价提供依据。

(4) 协作。NGDLE 提供的各种工具和平台间的无缝协作机制，促进了系统内外的协作。同时为协作式学习提供数字化环境。

(5) 可访问性和通用性设计。可访问性是 NGDLE 的主要目标，而通用设计则意味着需要重新考虑所有的工具，为更多师生群体提供支持。

下一代数字化学习环境 NGDLE 在 2020 年《地平线报告：教与学版》中被认为是影响未来教学的 15 种关键趋势之一，它正在改变学校为学习者和教师构建学习生态系统的方式。学校需要在教育技术应用上支持开放的标准，使其能够以同步和异步的方式向学习者提供更灵活的学习体验。这种架构的敏捷性可以为学习者和教师提供“跳出思维定式”的机会，并重新定义他们的学习方式。

1.3 数字化环境下的学习者

学习者是指在各种教育活动中从事学习活动的人，是教育活动的对象和主体。数字化环境下的学习者包含所有在数字化环境中参与学习活动的人，无论这些学习者是否为“数字时代的原住民”，数字化的学习环境都对他们提出了新的要求。

1.3.1 21 世纪人才应具备的核心素养

为应对 21 世纪技术的飞速发展和全球化的挑战，经合组织 OECD1997 年开始启动 21 世纪核心素养框架的研制，并于 2005 年发布该框架。框架将核心素养分为“互动地使用工具、在社会异质群体中互动和自主行动”三个类别，共归纳总结出 9 个关键素养。其中，“互动地使用工具”这一素养分类中包含“互动地使用语言、符号与文本”“互动地使用知识与信息”“互动地使用技术”三个关键素养[16]。在后续研究中，OECD 陆续于 2009 年、2013 年、2015 年分别针对 21 世纪的技术发展，对核心素养做了进一步的拓展和解读，尤其强调了信息交流技术的发展对人的素养的新需求、新劳动力市场对人的技能和素养的需求[17, 18]。

欧盟 2005 年正式发布核心素养的欧洲参考框架《key competence for lifelong learning: a European reference framework》。该框架主要包括“母语沟通能力”“外语沟通能力”“数学与科技基本素养”“数字胜任力”“学会学习”“社会与公民素养”“创新与企业家精神”“文化意识和表现”8 项素养[19]。数字胜任力(digital competence)被列为 8 项关键能力之一。2018 年，欧盟更新了 8 项素养，但数字胜任力保留未变，数字胜任力框架是欧盟核心素养框架中最早被开发且更新较频繁的一项核心素养，可见对它的重视。

美国 2002 年开始启动 21 世纪核心技能研究，不仅关注学习者应具备的核心素养标准本身，还关注到学习过程和支持系统的作用。美国 21 世纪技能学习联盟 P21(United States-Based Partnership for 21st Century Skills)评选出的 21 世纪最重要的四种能力常被称为 4C 能力，即批判性思维(critical thinking)，沟通能力(communication skills)，团队协作(collaboration)，创造与创新(creativity and innovation)[20]。

在我国，北京师范大学中国教育创新研究院与美国 21 世纪学习联盟开展合作，在 P21 提出的 21 世纪核心素养 4C 模型的基础上，新增文化理解与传承素养，于 2020 年正式提出 5C 模型。5C 模型包含文化竞争力(cultural competence)、沟通能力(communication)、团队协作(collaboration)、批判性思维(critical thinking)、创新能力(creativity)共五项核心素养[21]。

除此之外，其他国家、地区和组织也编制了类似核心素养方案。例如，俄罗斯联邦教育部编制了包含“自主认知素养”“公民团体素养”“社会劳动素养”“日常生活素养”和“文化休闲素养”在内的 5 项核心素养；新加坡政府提出的培养“充满自信的人”“能主动学习的人”“积极奉献的人”“心系祖国的公民”4 个理想的教育成果和新 21 世纪技能等[22]。综合上述关于核心素养的表述，共有 7 项素养在国际上受重视程度最高，它们分别是：沟通与合作、创造性与问题解决、信息素养、自我认识与自我调控、批判性思维、学会学习与终身学习、公民责任与社会参与[23]。这 7 项核心素养表明，21 世纪对人才的需求已经完全不同于工业时代，传统教育重视的读(reading)、写(writing)、算(arithmetic)等 3R 能力在全球经济一体化及数字技术飞速发展的今天，已不再是公民的核心能力，大量的经由训练即可掌握的重复性工作将被代替，沟通与合作、问题解决能力、信息调控能力、创造力等 21 世纪能力才是数字时代人才应具备的素养。

1.3.2　数字化环境下学习者的特征

数字化环境对学习者提出了新的核心素养要求，同时，数字化环境下成长的新一代学习者，也具备与传统环境下学习者截然不同的特征。数字环境下的学习者这一概念最早由 Brown 在讨论网络变革对工作方式、教育方式及学习方式的改变时提出[24]。与之相近的概念还包括“数字时代的原住民”(digital native)[25, 26]，“网络一代”(net generation)[27]，“千禧一代”(millennials)[28]等。但上述概念所指的应用场景过于宽泛，为强调数字化环境对学习者的影响，Rapetti 和 Cantoni 在 2010 年提出“数字时代的学习者”(learners of digital era)[29]，并认为这类学习者利用数字技术来满足学习的需求，信息检索能力是他们所特有的技能[30]。Eliana 对“数字时代原住民”等概念及相关术语进行文献综述后认为，与“数字时代原住民”概念相关的广泛的理论和术语多种多样，建议将这些概念统一到“数字学习者”一词之下，并提出，研究数字学习者应将关注点放在“学习者”而不是一般意义的“人”上，应意识到数字化学习环境具备的潜力和可能性，认识到技术的价值及在学习者日常生活中提供的机会。数字学习者不仅仅是技术的使用者或消费者，他们在技术体验上具有复杂性，也不能简单以世代、时间或年龄来划分一个学习者是否为数字学习者，即无论他是否为“数字时代的原住民”，只要是在数字环境下学习，都可以成为数字学习者，不应为数字学习者预设固化的标签[31]。

根据上述建议及其他有关数字化环境下学习者的特征描述，归纳数字化环境下学习者所具有的特征如下。

(1) 独立性。数字化环境下的学习者能有意识地选择学习资源和适合自己的学习方法，能管理自己的时间并致力于自我提升，能对自身的学习负责。

(2) 创造性。数字化环境下的学习者具有创新能力，能设计新的方法来执行任务、解决问题和迎接挑战。

(3) 问题解决能力。数字化环境下的学习者具有独立解决问题的能力。

(4) 社会性。数字化环境下的学习者面对的是数字世界海量的信息和学习资源，他们是数字环境中的信息探测者，是有意图的行动者，不会将时间浪费在不符合他们需求的学习资源上。

(5) 技术性。数字化环境下的学习者具备使用数字化工具开展学习活动的相关技术，并能在学习中灵活运用。

1.3.3 数字化环境对学习者的要求

国际教育技术协会(International Society for Technology in Education，ISTE)制定的标准中提出了数字化时代的学习者应具备的能力和素养。这些适用于所有年龄段的能力和素养能让他们融入当今的数字世界、互联网世界。ISTE 标准认为，数字化环境下的学习者应该是：被赋能的学习者、数字公民、知识的建构者、有创新意识的设计者、具备计算思维的人、有效的传播者和全球合作者。这些能力和素养分别从学习者在数字化环境下应该具备的技术应用能力、学习者应具备的公民意识、学习者应用数字工具建构有意义的学习的能力、应用数字化工具创造性解决问题的能力、应用算法思维解决问题的能力、利用数字化平台表达思想与交流的能力、利用数字工具与他人合作的能力 7 个方面对数字化环境下的学习者提出了具体要求，如表 1.1 所示[32]。

表 1.1　数字化环境对学习者的要求

数字化环境对学习者的要求	具体描述
被赋能的学习者。在认知科学的指导下，学习者能利用技术自主选择、达成学习目标，展示学习成果。	(1) 阐明并设定个人学习目标，利用技术制定实现学习目标的策略，反思学习过程，提高学习效果。 (2) 创建网络，营造能支持他们学习的环境。 (3) 利用技术寻求反馈，改进实践，用多种方式呈现学习成果。 (4) 理解技术运作的基本原理，具备选择技术、使用技术、排除当前技术故障的能力；能运用所学知识，探索新兴技术。
数字公民。能够认识到自己在互联的数字世界中学习、工作和生活的权利、责任和机会，并以安全、合法、道德的方式行事。	(1) 塑造和管理自己的数字身份，维护自己的数字声誉。 (2) 知晓自己在数字世界中的行为会留下永恒的印记。 (3) 以积极、安全、合法和道德的行为方式使用科技，包括使用在线社交平台和互联网设备。 (4) 理解并尊重知识产权。 (5) 管理个人数据以维护数字隐私和安全，知晓在线跟踪浏览记录等数据收集技术。
知识的建构者。能够利用数字工具批判性地整合各种资源，建构知识、创作富有创意的作品，为自己和他人构建有意义的学习体验。	(1) 规划和采用有效的研究策略，为自己智慧性和创造性地探索目标寻找信息和其他资源。 (2) 评估信息、媒体、数据或其他资源的准确性、视角、可信度和相关性。 (3) 使用各种工具和方法从数字资源中整合信息，发现有意义的联系，形成结论。 (4) 通过积极探索现实世界中的情况和问题、提出观点和理论、寻求答案和解决方案来构建知识体系。
有创新意识的设计者。能够使用各种技术，通过创造全新的、有效的或富有想象力的解决方案来识别并解决问题。	(1) 了解并运用经过深思熟虑的设计流程来提出想法、测试理论、创造富有创意的模型或解决真实问题。 (2) 选择并使用数字工具来规划和管理设计过程，考虑设计约束条件和可能的风险。 (3) 把开发、测试和改进原型纳为循环性设计过程的一部分。 (4) 容忍不确定性，坚持不懈，能处理开放式问题。
具备计算思维的人。利用技术的力量，能够开发出解决问题的策略、测试方法和解决方案。	(1) 在探索和寻找解决方案时，能够明确提出适用于技术辅助方法(如数据分析、抽象模型和算法思维)的问题定义。 (2) 收集数据或识别相关数据集，使用数字工具对其进行分析，并以各种有利于解决问题和制定决策的方式呈现数据。 (3) 将问题分解，提取关键信息，并开发描述性模型来理解复杂系统或促进问题的解决。 (4) 理解自动化的工作原理，并使用算法思维开发一系列步骤来创建和测试自动化解决方案。
有效的传播者。能够利用合适的平台、工具、风格、格式和数字媒体，清晰地交流并创造性地表达自己的目标。	(1) 选择合适的平台和工具，实现自己创作或交流的预期目标。 (2) 创作原创作品，或以负责任的方式改变数字资源的原用途或将其重新混合到新作品中。 (3) 通过创建或使用各种数字对象，如可视化效果、模型或仿真技术，清晰有效地传达复杂的想法。 (4) 发布或呈现针对目标受众定制的内容和媒介。

续表

数字化环境对学习者的要求	具体描述
全球合作者。利用数字工具，学习者能够与他人合作，在本地或全球的团队中有效工作，拓宽视野，丰富学习内容。	(1) 使用数字工具与来自不同背景和文化的学习者建立联系，以增强相互理解和促进学习效果的方式与他们交流。 (2) 使用协作技术与他人合作(包括同事、专家或社区成员)，从多个角度观察问题。 (3) 为项目团队做出建设性的贡献，承担各种角色和责任，为了实现共同的目标有效工作。 (4) 探索本地和全球问题，使用协作技术与他人一起研究解决方案。

1.4 数字化环境下的学习方式

学习环境的变革推动学习方式的变革。在数字化学习环境中，学习者的学习不再是依赖教师的讲授与课本的学习，而是利用数字化学习平台和数字化资源，与教师和同伴之间开展协商讨论、合作学习，并通过对资源的收集利用，以探究知识、发现知识、创造知识、展示知识的方式进行学习。

1.4.1 学习方式

心理学视角下的学习方式指的是个体在完成学习任务时基本的行为和认知取向，并非具体的学习策略和方法，而是个体在自主性、探究性和合作性等方面的基本特征[33]。从学习心理学的角度看，学习方式泛指学习者在各种学习情境中所采用的具有不同动机取向、心智加工水平和学习效果的一切学习方法和形式[34]。

教育学视角下的学习方式指的是学习者在学习知识和技能时所采取的途径、形式、程序和手段[35]。学习者之间存在个体差异，因此对于学习者来说，有效的学习方式存在个体差异；对于教学者来说，需要根据个体的学习方式来相应调整教学内容。

从教育技术学的视角看，学习方式是指学习者在学习活动中所采取的手段、措施或策略，是学习活动的基本形式。学习方式揭示了不同时代学习内容与形式的特点，有助于人们从总体上认识和把握人类学习活动的特点和发展规律[36]。

由此可见，学习方式与学习者相关、与学习环境相关。采用什么样的学习方式不仅取决于学习者自身的动机取向、心智水平、习惯，也取决于学习活动所发生的环境和使用的工具。21 世纪学习者应具备的核心素养和数字化的学习环境对学习提出新的要求,传统的学习方式已不能与数字时代的学习者和学习环境匹配，学习方式在两者的驱动下同样面临变革。

1.4.2　数字化环境下学习方式的特征

数字化环境下，多媒体技术改变了学习资源的呈现方式，网络技术改变了学习资源的传递方式，物联网技术改变了学习活动发生的环境，5G 技术拓展了学习活动发生的时间和地点，以人工智能为底层技术的元宇宙则可能完全颠覆传统学习，创造新的虚拟学习生态。因此，数字化环境下的学习方式具有以下特征。

(1) 以学习者为中心[7]。在工业化时代，以教师为中心的学习是批量培养熟练劳动力最便捷和最适宜的方式。信息时代对人才的需求由知识、技能转变为能力、素养。知识和技能可以通过大规模的课堂教学传授，而能力和素养则需要结合学习者自身的特征个性化地培养，这要求学习者能够发起、计划、实施、控制和评估自己的学习，以及能够正确应用学习成果。不仅获取知识很重要，具有获取和应用知识的能力及与他人合作的能力更重要。因此在这种新型的学习方式中，学习者主导着学习过程，承担自己学习的责任，而教师的角色则被简化为辅导者和顾问[37, 38]。

(2) 多样化。以学习者为中心的学习，尊重个性化的发展决定了数字化环境下的学习方式具有多样性。一方面，数字化环境下的学习者更喜欢自主、合作、探究、协商、游戏化、创新与实践，在学习者的主体作用下产生了多样的学习方式，如自主学习、研究性学习、合作式学习等。另一方面，信息技术的发展则使学习可以不受时间、地点的限制，学习者的自由度大大增加，个性化的学习者、差异化的学习需求客观上决定了数字化环境下的学习方式是多样化的。

(3) 泛在性。数字化学习环境中，在多媒体、网络通信技术、人工智能技术的支持下，学习者可不受时空和传递呈现方式的限制，实现学习资源的随时随地获取、传送、接收、共享、组织和保存。无处不在的学习和随时随地的学习使得非正式学习的地位愈加凸显。在物理、社会、信息和技术等多个层面和维度相互整合的学习环境中，学习方式具有泛在性。

1.4.3　数字化环境下典型的学习方式

广义的数字化学习环境主要指的是计算机支持的学习环境，如传统意义上的多媒体环境。但如今我们提到数字化学习环境时，多特指高速网络、移动网络、虚拟现实、人工智能等新一代数字化技术支持的学习环境。在数字化环境下，传统的学习方式仍然具有生命力，但由技术支持的、以学生为中心的多样化学习方式逐渐被接受并成为日常学习必不可少的组成部分。数字化环境下典型的学习方式包括在线学习、混合式学习及翻转课堂、网络探究、基于游戏的学习等。

(1) 在线学习(online learning)。在线学习最早出现在 1982 年，源于美国加利福尼亚西方行为科学研究所采用计算机会议的形式为企业高管提供远程课程的学习方式。1993 年，在线学习开始蓬勃发展，到了 1998 年，更多学校参与到基于网络的在线教学中。但受到网速和带宽的影响，截止到 2000 年，只有 8%的学生参加了在线课程学习。随着网速的提升和宽带的普及，2008 年，MOOC 诞生了，当年参与在线学习的学生数迅速达到 20%，2012 年，MOOC 成为一种流行的学习模式，这一年也被称为“MOOC 年”。随后的十余年间，MOOC 在高等教育中迅速普及。2020 年，受新冠疫情影响，全世界绝大多数学校和教育机构都提供了免费的在线学习课程，在线学习在有条件的地区已经基本做到了全覆盖。

从教学同步性的角度看，在线学习包括同步学习和异步学习两种形式。同步学习要求教师与多名学习者同时利用网络学习平台开展教学和学习，这种学习方式最接近面对面学习。疫情期间广泛开展的直播教学就是这种形式。异步学习则通过网络学习平台提供学习资源，参与者无须同时在线，在线学习、讨论都以非实时的形式开展。异步学习的优点是学习者可以灵活安排学习时间，并能够调节学习的时长和频率。从在线学习的规模看，可以分为基于大规模在线开放课程的学习和小规模私有在线课程学习(small private online course，SPOC)。当然，从 MOOC 和 SPOC 中又衍生出 xMOOC、cMOOC、SMOCs 等不同的课程提供形式。

(2) 混合式学习(blended learning)。尽管完全在线学习具有高度灵活、个性化等优势，但与参加传统面对面授课的学习者相比，参加完全在线课程的学习者的流失率很高。在这样的情况下，融合线上线下优势的混合式学习比完全在线学习效果更佳，也更受欢迎。混合式学习的概念最早来源于 20 世纪 60 年代的企业培训，为了提高培训效率，节省师资，采用了教师指导和计算机辅助培训相结合的方式。但直到 90 年代后期，才有教育机构用正式的术语来描述它。业内对混合式学习的界定有诸多不同看法，有的学者认为只要是不同技术和教学方法的混合，甚至仅仅是不同教学方法、教学媒体或教育理论的混合就可以称之为混合式学习，还有的学者认为，混合式学习特指线上线下学习的混合。2006 年 Graham 在《混合式学习系统》一书中，将混合式学习界定为：面对面学习和在线学习的结合[39]。这一定义被较多学者所认可，并已成为大众普遍的认知。

混合式学习同样衍生出“轮转模式”“弹性模式”“自我调节模式”“增强虚拟模式”等多种不同的分支。翻转课堂就是混合式学习轮转模式中最知名的一种学习方式。翻转课堂通过让学习者在家以在线学习的方式完成课程视频观看、课程资料阅读并在课堂上现场解决问题，以此来提高学习者的参与度和学习能力。翻转课堂有意将教学转变为以学习者为中心的模式，在这种模式下，学习者通常会在课堂之外首次接触新主题，从而腾出课堂时间更深入地探索主题，创造有意义的学习机会。

(3) 网络探究(web quest)。网络探究是一种以探究为导向的学习方式，学习者使用的大部分或所有信息都来自网络，因此它是数字化环境下的一种典型学习方式。网络探究学习旨在提高学习者的批判性思维能力，可以成为协作课堂的有益补充。网络探究具有四个特征：首先，它是基于课堂的；其次，它强调更高层次的思维(如分析、创造或批判性思维)，而不仅仅是获取信息；第三，教师需要预先选择信息的来源，强调信息的使用而不是信息的收集；最后，大多数网络探究都是小组工作，任务经常被分成角色，由不同的学习者完成。

网络探究学习过程通常包括任务、过程、资源、评估和结论五个部分。具体来说就是把一个未解决的问题或待完成的项目作为“任务”呈现给学习者，引导学习者使用互联网提供的资源开展信息查询与探索，通过对获得信息的综合分析给出相应的解决方案并完成“任务”。通过分析、综合、创造和转换信息来扩展学习者的知识获取方式和发展复杂的思维技能。网络探究学习在美国等国家有较广泛的应用，不仅应用到自然类学科的学习中，也已广泛应用到了人文社科的学习中。

(4) 基于游戏的学习(game based learning)。基于游戏的学习是一种具有明确学习成果的游戏。基于游戏的学习通常是基于教育游戏开展的，教育游戏是能够培养游戏使用者的知识、技能、智力、情感、态度、价值观，并具有一定教育意义的计算机游戏类软件[40]。在数字化学习环境中，基于游戏的学习依托教育游戏开展，技术的普及使基于游戏的学习变得很容易实现。通常游戏使学习过程变得有趣，精心设计的游戏可以激发玩家的积极性，玩家在游戏中取得的进步是通过学习来实现的。在游戏中，学习者能够巩固知识并发展沟通能力和领导力。

在计算机时代，基于游戏的学习常通过单机版游戏开展，在网络时代，游戏升级为网络版，并能够实现小组协作学习，而在元宇宙时代，越来越多的教育游戏以虚拟现实的方式呈现，带给学习者更直观的体验。

参 考 文 献

[1] 桑新民. 学习科学与技术——信息时代大学生学习能力培养. 第 2 版[M]. 北京: 高等教育出版社, 2017.

[2] 李克东. 数字化学习(上)——信息技术与课程整合的核心[J]. 电化教育研究, 2001, (8): 46-49.

[3] Welsh E T, Wanberg C R, Brown K G, et al. E-learning: emerging uses, empirical results and future directions[J]. International Journal of Training and Development, 2003, 7(4): 245-258.

[4] Downes S. E-learning 2.0[J]. Elearn, 2005, (10): 1.

[5] Holmes B, Gardner J. E-learning: Concepts and Practice[M]. London: Sage, 2006.

[6] Wheeler S. E-learning 3.0: learning through the extended smart web[EB/OL]. https://ittrainingconference.files.wordpress.com/2011/04/ittc_stevewheeler_smartweb.pdf[2023-4-30].

[7] 何克抗. E-learning 与高校教学的深化改革(上). 中国电化教育, 2002, (2): 8-12.

[8] 刘红. 继续教育系列专题之三 为终身学习插上隐形的翅膀——上海市长宁区推进社区数字化学习的实践[J]. 中国职业技术教育, 2013, (13): 41-46.

[9] 上超望, 尹爱青, 吴圆圆, 等. E-learning 3.0: 内涵、挑战与生态框架[J]. 现代教育技术, 2016, 26(12): 18-23.

[10] Cook D J. Learning setting-generalized activity models for smart spaces[J]. IEEE Intelligent Systems, 2012, 27(1): 32-38.

[11] Martin S H. The classroom environment and its effects on the practice of teachers[J]. Journal of Environmental Psychology, 2002, 22(1-2): 139-156.

[12] Negroponte N, Harrington R, Mckay S R, et al. Being digital[J]. Computers in Physics, 1997, 11(3): 261-262.

[13] Bhattacherjee A. Understanding information systems continuance: an expectation-confirmation model[J]. MIS Quarterly, 2001, 25(3): 351-370.

[14] Brown M, Dehoney J, Millichap N. The next generation digital learning environment[J]. A Report on Research ELI Paper Louisville, CO: Educause April, 2015, 5(1): 1-13.

[15] Moore S. Breaking down the digital learning environment and NGDLE[EB/OL]. https://blog.extensionengine.com/next-generation-digital-learning-environment[2023-2-8].

[16] OECD. The definition and selection of key competencies: executive summary[R]. Paris: Organisation for Economic Co-operation Development, 2005.

[17] OECD. OECD skills outlook 2013: first results from the survey of adult skills[R]. Paris: Organisation for Economic Co-operation and Development, 2013.

[18] OECD. OECD skills outlook 2015: youth, skills and employability[R]. Paris: Organisation for Economic Co-operation and Development, 2015.

[19] Communities E. Key competences for lifelong learning: European reference framework[R]. Luxembourg: Office for Official Publications of the European Communities, 2007.

[20] P21. P21 framework definitions[EB/OL]. https://files.eric.ed.gov/fulltext/ED519462.pdf[2023-2-8].

[21] 魏锐, 刘坚, 白新文, 等. “21 世纪核心素养 5C 模型”研究设计[J]. 华东师范大学学报(教育科学版), 2020, 38(2): 20-28.

[22] 师曼, 刘晟, 刘霞, 等. 21 世纪核心素养的框架及要素研究[J]. 华东师范大学学报(教育科学版), 2016, 34(3): 29-37, 115.

[23] 刘坚, 魏锐, 刘晟, 等. 《面向未来:21 世纪核心素养教育的全球经验》研究设计[J]. 华东师范大学学报(教育科学版), 2016, 34(3): 17-21, 113.

[24] Brown J S. Growing up: digital: how the web changes work, education, and the ways people learn[J]. Change: The Magazine of Higher Learning, 2000, 32(2): 11-20.

[25] Jones C, Ramanau R, Cross S, et al. Net generation or digital natives: is there a distinct new generation entering university?[J]. Computers & Education, 2010, 54(3): 722-732.

[26] Prensky M. Digital natives, digital immigrants part 2: do they really think differently?[J]. On the Horizon: The International Journal of Learning Futures, 2001, 9(6): 1-6.

[27] Oblinger D, Oblinger J L. Educating the Net Generation[M]. Boulder: Educause, 2005.

[28] Howe N, Strauss W. Millennials Rising: The Next Great Generation[M]. NewYork: Vintage, 2000.

[29] Rapetti E, Cantoni L. Exploring the added value of digital technologies and eLearning in higher education from learners' perspective. [C] A research informed by a systematized literature review. Edu-Learn 2010 Conference Proceedings, 2010: 1403-1412.

[30] Schulmeister R. Is there a net gener in the house? dispelling a mystification[J]. Eleed, 2008, 5(1): 1-3.

[31] Gallardo-Echenique E E, Marqués-Molías L, Bullen M, et al. Let's talk about digital learners in the digital era[J]. International Review of Research in Open and Distributed Learning, 2015, 16(3): 156-187.

[32] ISTE. The ISTE standards[EB/OL]. https://www.iste.org/standards/iste-standards-for-students [2023-2-8].

[33] 杨治良，郝兴昌. 心理学辞典[M]. 上海：上海辞书出版社, 2016.

[34] 庞维国. 论学习方式[J]. 课程 · 教材 · 教法, 2010, 30(5): 13-19.

[35] 谢新观，丁新，刘敬发，等. 远距离开放教育词典[M]. 北京：中央广播电视大学出版社, 1999.

[36] 桑新民. 学习的突围：创新教育管理支持体系[J]. 现代远程教育研究, 2004, (1): 10-15, 63.

[37] Bonwell C C, Eison J A. Active learning: creating excitement in the classroom. 1991 ASHE-ERIC Higher Education Reports[R], 1991.

[38] Peters O. Digital learning environments: new possibilities and opportunities[J]. The International Review of Research in Open and Distributed Learning, 2000, 1(1): 1-19.

[39] Bonk C J, Graham C R. The Handbook of Blended Learning: Global Perspectives, Local Designs[M]. San Francisco: Pfeiffer, 2006.

[40] 吕森林. 教育游戏产业研究报告[J]. 中国远程教育, 2004, (22): 44-47.

第2章 学习行为相关理论

学习理论对学习行为的研究主要基于行为主义、认知主义和建构主义相关理论开展，偏重对学习行为发生规律的研究。社会学习理论认为个体、环境、行为具有重要的联系，三者之间是相互影响、相互作用的关系。行为科学主要是对外显行为活动的研究，并指出行为研究的两个重要指标：可观察和可测量。行为科学理论认为，行为是个体围绕着一个目标或一项任务，在所处环境中有目的地进行活动并与环境交互所形成的表现。

2.1 学习理论对行为的关注

学习理论是说明人和动物学习的性质、过程和影响学习的因素的各种学说。行为主义、认知主义、建构主义是三种有明显区别的学习理论，三种理论从不同的观点出发，采用不同的方法，根据不同的实验资料，从不同的角度看待学习行为。

2.1.1 行为主义视角下的学习行为

行为主义认为，行为是由人所处的环境决定的，环境的刺激使有机体产生了反应，就产生了行为。斯金纳在行为主义心理学的基础上提出了操作性条件反射理论，该理论认为当通过刺激和反射之间的关联获得新的行为或行为变化时，学习就会发生。操作性条件反射理论是行为主义学习理论的基础。行为主义学习理论正是运用行为主义的理论和方法研究学习，发现并提出一系列有关学习的原理和规律[1]。行为主义学习理论认为，学习过程基于客观可观察的行为变化，当出现来自环境的提示或刺激时，学习开始，学习者对刺激做出某种反应，如果不断强化刺激，那么这种反应也会得到强化，将学习目标分解成很多小任务，并一个个予以强化，学习者就能够通过操作性条件反射逐步完成学习任务。

基于操作性条件反射理论诞生了程序化学习和教学机器。程序化学习让学习者以自己的速度和水平自我学习教学性材料，作为一种“个别化教学”的模式，程序化学习的思想还反映在凯勒的个性化教学系统和林兹利的精准教学中。尽管程序化学习有诸多局限性，但这种“同学不同速”的思想在当前的课堂教学中仍有较广泛的应用，其理念和由其衍生的教学机器设计思想也成为在线学习平台、游戏化学习的重要理论基础。

行为主义学习观认为通过强化和重复可以塑造行为，也认为教师通过关注、测量和记录可直接观察到的行为，为每个学习者调整课程，可以最大限度地提高学习绩效。

2.1.2　认知主义视角下的学习行为

20 世纪 50 年代后期，学习理论开始从行为模式转向依赖于认知科学的理论与模式。心理学家和教育工作者开始不再强调外显的、可观察的行为，取而代之的是突出更复杂的认知过程，如思维、问题解决、语言、概念形成和信息加工[2]。认知主义认为，学习者通过认知过程把各种资料加以存储和组织，形成知识结构。在认知主义学习观下，学习不是机械地接受刺激，被动地做出反应，而是主动、有选择地获取刺激并进行加工。与行为主义强调重复性的行为相比，认知主义更强调学习者的知觉、思维、记忆等隐性行为。

在认知主义学习理论中，可观察的外显性行为的变化是学习者头脑中处理信息的隐性行为的指示。认知过程是不可见的，只能通过观察其外显行为来间接获取。数字化学习环境中，认知主义所要观察的外显性学习行为，不仅可以凭借教师或观察者的直接观察获取，更可以借助多种数据采集技术精确获取、长期保存，并可借助人工智能技术准确分析认知的发生过程。

2.1.3　建构主义视角下的学习行为

建构主义认为学习者不是在直接的知识传递过程中通过被动的感知来获得和理解知识，而是通过经验和社会话语将新的信息与他们已有的知识相结合来建构新的理解和知识。建构主义的代表人物维果斯基认为，学习是一个协作的过程，社交互动是认知发展的基础。建构主义认为，学习应该包括情境、协作、交流和意义建构四个部分，创设的学习情境是意义建构的基础；协作是贯穿整个学习活动的行为，并呈现出师生协作、生生协作、商榷、讨论、辩论等多种行为表现形式；交流是协作过程中最基本的方式或环节，交流又包括言语性的、非言语性的，各自对应不同的行为表现形式；意义建构是学习的最终目标。建构主义所认为的学习过程，是在创设的情境下，由外显的协作和交流行为完成有意义的知识建构的过程。

在建构主义视角下，数字化学习环境，如计算机等信息加工工具，一方面是学习者用来代替纸和笔作为思维的建构和记录的工具[3]；另一方面，也是创设情境、支撑协作和交流的工具。

2.2　社会学习理论视角下的学习行为

社会学习理论(social learning theory，SLT)是班杜拉在社会认知论和行为主义学派观点的基础上结合实证研究发展出的理论，源于行为主义学派的强化学习理论。

社会学习理论认为学习是一种发生在社会背景下的认知过程，即使在没有行为再现或直接强化的情况下，也可以纯粹通过观察或直接指导发生[4]。在传统行为理论中，行为仅受强化支配，强调学习个体中各种内部过程的重要作用[5]。社会学习理论则认为：学习不仅仅是行为上的，它是一个发生在社会环境中的认知过程；学习可以通过观察行为和观察行为的后果(替代强化)来发生；学习包含观察、从这些观察中提取信息，以及对行为表现做出决策(观察学习或建模)。强化在学习中发挥作用，但并不是唯一的决定因素。学习者不是信息的被动接受者。认知、环境和行为三者之间存在相互影响(相互决定论)[6]。

社会学习理论继承了斯金纳“刺激-反射”理论的部分思想，认为人的社会行为是通过观察、学习和模仿而形成的，但同时又认为，在这个过程中环境是具有决定性的因素，其中环境泛指社会文化关系等客观条件。按照班杜拉的观点，以往的学习理论家通常是用物理的方法对动物进行实验，并以此来建构理论体系，忽视了社会变量对人类行为的制约作用，这对于研究生活于社会之中的人的行为来说，不具有科学的说服力。人是生活在一定的社会条件下的，所以班杜拉主张要在自然的社会情境中而不是在实验室里研究人的行为。社会学习理论着眼于观察学习和自我调节在引发人的行为中的作用，重视人的行为和环境的相互作用。

2.2.1　交互决定论与学习行为

交互决定论(triadic reciprocal determinism，TRD)将环境、行为、个人的主体因素三者看成是相对独立，同时又交互作用，相互决定的理论实体。所谓交互，指的是“事物之间的相互作用”，决定论指的是“事物影响产物”。交互决定论认为环境、行为、人(学习者)三者之间互为因果，每两者之间都具有双向的互动和决定关系，如图 2.1 所示。

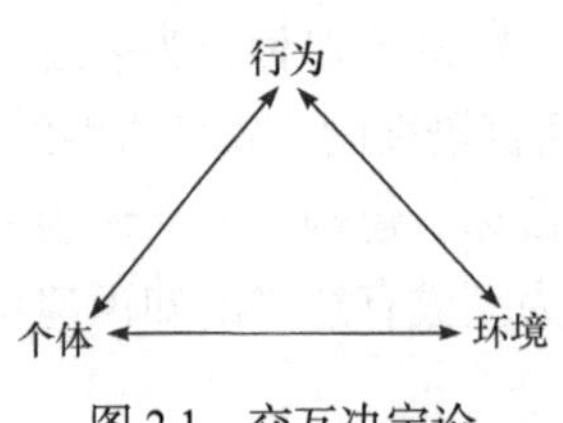

图 2.1　交互决定论

在交互决定论的视角下，环境是决定行为的潜在因素。环境对行为有决定性影响，但这一影响只有当环境和个体的因素相结合并被适当的行为激活时才能发挥作用。个体与环境的交互决定行为，个体既不是完全受环境控制的被动反应者，也不是完全自由的实体。环境中的各种外部因素通过三种主要方式影响个体的自我调节过程。环境有利于建立自我调节功能，从而建立和发展自我反应的能力。在行为内部，个体和环境的影响是以彼此相连的决定因素产生作用的。这个过程是三者交互的相互作用，不是两者的连接或两者之间双向的相互作用。

在数字化学习中，行为指的是学习者通过数字化环境进行学习活动；个体即学习者及其认知结构、个性特征、生理特征等；环境指的是数字化学习环境，包括计算机、网络学习平台、数字化学习资源、虚拟学习场景、智慧教室等，三者共同构成完整的数字化学习。

数字化学习环境与传统学习环境相比，是颠覆性的变革，技术的应用不仅改变了课堂教学环境，更扩充了教室的边界，纳入了虚拟学习空间。在数字化学习环境下，学习者原有的个体特质是否随环境发生变化？在新环境下，会有哪些新的个体特质出现？数字化学习环境与学习者的交互作用将怎样改变学习行为？数字化环境下的学习行为具有哪些特征，受到哪些因素的影响？这些都是数字化环境下研究学习行为需要探讨的问题。

2.2.2　自我调节理论与学习行为

自我调节理论由观察学习理论中的自我强化概念衍生而来。自我调节包括自我观察、自我判断和自我反应三个基本过程。自我观察提供必要的信息以确定符合现实的行为标准和评价正在进行变化的行为，并通过对个体的思维模式和行为的加倍注意，促进自我指导的发展。自我判断是个体为自己的行为确立某个目标，以此来判断自己的行为与标准间的差距并引起肯定的或否定的自我评价的过程。自我判断的核心是自我标准的建立，自我调节理论表现了人的认知对行为的多种影响。自我反应指个体评价自我行为后产生的自我满足、自豪、自怨和自我批评等内心体验。自我反应是个人满足兴趣和自尊的发展的重要和持久的基础。

自我调节学习(self-regulated learning, SRL)是个体、社会和行为三大因素相互作用的过程。社会学习理论视角下的自我调节学习除了受到个体自身因素的影响外，还取决于外部环境和行为的刺激，是“学习者自主产生思想、情感与行动，系统化地定向于他自身所要达到的目标的过程”[7]。教学活动是教师与学习者、学习者与学习者之间的互动，只有在允许学习者自主安排学习活动的前提下，才可能出现自我调节的学习行为[8]。目前，许多关于自我调节学习的研究把自我效能感、目标取向、元认知和情绪、情感等作为影响自我调节学习的个体因素，把模仿学习、社会性援助、学习任务、学习情境等作为环境因素，把自我观察、自我评价、自我反应作为行为因素。数字化学习环境比传统环境更易于为学习者提供自主的学习空间，在自我调节学习中，学习者调节的不仅是学习行为，还有潜在的动机，如认知、信念、意向、情感等[9]。自我调节的学习行为在学习策略、自我效能感和学习目标等因素的作用下产生[7, 10]，具体表现为学习者为实现所设置的学习目标有意识地运用学习策略[9]。

21 世纪以来，随着技术的飞速发展，涌现出一系列数字化学习环境，包括技术增强型学习环境、线上学习环境、混合式学习环境等。数字化学习环境具有多平台、跨时空的特征，为学习者带来了便利性和灵活性，教师也可借助信息化工具更好地创设学习任务、学习情境等社会化因素。但与传统学习环境相比，数字化学习环境存在外部控制性弱等劣势，大部分时间都是学习者自主的学习活动。学习者作为学习的中心，拥有学习的自主控制权，能够自定进度和灵活地采用适合自己的学习方法[11]，学习者对自身的学习具有绝对的掌控地位。正是因为学习者充分的自主性和灵活性，学习的效果取决于学习者对数字化环境下学习过程的控制[12]，学习者的自我调节学习能力是保障数字化环境下学习质量的关键。值得注意的是，无论是技术增强的学习环境，还是线上学习环境，抑或是混合式学习环境，当前在学习质量方面都与期望值有一定距离[13]，在大多数数字化学习环境下缺少足够的引导，对学习者的自主学习能力提出了更高的要求，要求他们能够对学习进行自我管理和监控，自己承担责任，在数字化学习环境中如何促进学习者自主学习的过程已经成为一个巨大的挑战[14]。

从另一方面看，数字化学习平台提供了丰富的学习行为数据，教师可以借助数据了解学习者的学习行为，通过控制教学信息来掌握教学的动态平衡。近几年国内外研究者开始关注数字化学习环境中的自我调节学习并探究提升学习绩效的方法，例如，Lin 和 Lai[15]、Shyr 和 Chen[16]使用技术增强的方法来促进学习者的自我调节学习和表现并积极探索自我调节学习的干预策略[17]。还有一些学者开始关注学习者在自我调节学习中的真实行为，使用自我报告、数据挖掘和学习分析等方法来获取学习行为数据，将学习行为数据可视化，便于教师观察和干预[18]。

2.2.3 自我效能理论与学习行为

社会学习理论突出强调了个体拥有的信念对其思想与行为的重要作用，特别是个体对自身行为结果与能力的信念对其思想与行为的重要影响，班杜拉将这种信念命名为自我效能感。自我效能感是个体认为自己能够掌握特定技能的程度，是人类动机、情感和行动的一组重要的近端决定因素，通过动机、认知和情感干预过程对行动产生影响。具有较高自我效能感的个体更有可能相信他们可以解决具有挑战性的问题，并且可以从挫折和失望中迅速恢复。而自我效能感低的个体则往往不那么自信，不相信自己能表现出色，这导致他们回避具有挑战性的任务。由此可见，自我效能在行为表现中起着核心作用[19]。

学习自我效能感是自我效能感在学习领域内的表现。学习自我效能感是指学习者对自身的学业能力的信念，是学习者对自己能否利用所拥有的能力或技能去完成学习任务的自信程度的评价，是个体对控制自己学习行为和学习成绩能力的一种主观判断[20]。大量研究表明，个体学习者自我效能感的高低将对其学习兴趣、学习动机、学习调控和学习成绩等产生不同的影响。然而，作为一个心理中介变量，学习自我效能感本身也受到众多因素的影响，例如，来自实践的掌握经验、替代性经验、言语说服及在活动过程中的生理和情感状态等[21, 22]。

数字化学习环境中，自我效能感指的是学习者的数字化学习信念，即学习者对自己能否有效使用计算机、互联网及其他数字化工具和资源，利用所拥有的能力和技能去完成学习的自信程度的评价[23]，是个体对控制自己数字化环境下的学习行为、完成学习任务的能力的主观判断，是自我效能感理论在数字化学习中的具体应用。

数字化环境中的自我效能感可以分为特殊自我效能感和一般自我效能感，其中特殊自我效能感包括使用特定工具、参与特定学习的自我效能感[21]，如计算机自我效能感[24]、互联网自我效能感[25]、信息寻求自我效能感和学习管理系统自我效能感等[26]。

学习是一个持续的过程，在这个过程中，行为受到学习者认知的激励和调节[27]，即自我效能感与学习行为之间存在双向的影响。从技术层面出发，与特定技术相关的自我效能感如计算机自我效能感，会通过感知易用性间接影响数字化学习环境下的学习意向，进而影响学习行为[28]。从一般自我效能感出发，学习者的学习自我效能感会影响学习行为，包括活动和任务的选择、投入的努力程度及执行任务的持久性。反过来，数字化学习环境中，学习者的学习行为也会影响其学习自我效能感，例如，课程阅读行为、学习者总结反思行为、研究协作行为等均能显著影响学习自我效能感[29]。

2.3　行为科学视角下的学习行为

行为科学是综合应用心理学、社会学、社会心理学、人类学、经济学、政治学、历史学、法律学、教育学、精神病学及管理学的理论和方法，研究人的行为的边缘学科。它研究人的行为产生、发展和相互转化的规律，以便预测人的行为和控制人的行为。

行为科学理论认为，行为是个体围绕一项任务或一个目标，在环境的作用下进行的有目的活动。行为科学主要研究的是外显的行为活动，可观察和可测量是行为有意义并且可靠的两个不可缺少的重要标准[30]。此外，行为科学认为行为具有层级性，操作实现行为，行为实现活动，而活动是有目的的行为[31]。

行为科学视角下的学习行为，主要关注学习行为的以下特征[32]。

(1) 突出学习者的主体地位。行为科学理论强调以人为本，重视个体的需要，通过对学习者行为的预测、控制、激励和引导调动学习者的积极性。通过设置合理的目标和内容，改善学习行为和学习绩效。

(2) 重视学习过程中强化刺激和激励的作用。行为科学强调学习者的动机和对动机的激发。例如，从学习者兴趣出发，提倡探索式和创造性学习，以激发学习者的兴趣和热情。

(3) 重视学习者之间的协作。行为科学的理论基础之一——社会心理学关注群体的交往、沟通、模仿等协作行为，映射到学习中，即学习者之间的协作。

(4) 系统观和量化方法。行为本身是一个系统，行为科学理论认为，活动、行为、操作之间存在相互影响和相互转化的关系，行为实现活动，而操作推动主体行为的实现，对行为的分析可从那些能够观察到和数量化的东西出发。

在数字化学习环境中，学习者是主体，这与行为科学的关注点具有一致性。因此，在数字化学习过程中，学习资源、工具和环境，都需要依据学习者的性格特征和需求进行设计，充分激发、调动和控制学习行为，促进学习目标的达成。在构建学习空间时，需考虑学习者的心理特征及动机欲望，避免消极因素，促进积极因素，以激发学习者的主动性和创造性[33]。数字环境下的学习行为是一个包含多种互动要素、具有层级性结构的系统，在分析学习行为的过程中，可以从学习行为级别层次及学习行为类型维度的视角，对学习者的心理、行为等进行观察，并结合学习者的特点对行为加以描述和分析，最终进行相应的论证。

参考文献

[1] 林崇德. 心理学大辞典(下卷)[M]. 上海: 上海教育出版社, 2003.

[2] Peggy A E, Timothy J N. 行为主义、认知主义和建构主义(上)——从教学设计的视角比较其关键特征[J]. 盛群力译. 电化教育研究, 2004, (3): 34-37.

[3] 任友群. 现代教育技术的建构主义应用[D]. 上海: 华东师范大学, 2002.

[4] Bandura A, Walters R H. Social Learning and Personality Development[M]. New York: Holt Rinehart and Winston, 1963.

[5] Bandura A, Walters R H. Social Learning Theory[M]. Englewood-cliffs: Prentice Hall, 1977.

[6] Grusec J E. Social learning theory and developmental psychology: the legacies of Robert R. Sears and Albert Bandura[J]. Developmental Psychology, 1992, 28(5): 776-786.

[7] Zimmerman B J. A social cognitive view of self-regulated academic learning[J]. Journal of Educational Psychology, 1989, 81(3): 329-339.

[8] Pintrich P R, Roeser R W, De Groot E A. Classroom and individual differences in early adolescents' motivation and self-regulated learning[J]. The Journal of Early Adolescence, 1994, 14(2): 139-161.

[9] 刘邦祥, 姜大源. 影响学生自我调节学习的因素[J]. 职业技术教育, 2003, 24(1): 31-35.

[10] Bandura A. Social Foundations of Thought and Action: A Social Cognitive Theory[M].

Englewood-cliffs: Prentice-Hall, 1986.

[11] Tang C M, Chaw L Y. Digital literacy: a prerequisite for effective learning in a blended learning environment?[J]. Electronic Journal of E-learning, 2016, 14(1): 54-65.

[12] Anthonysamy L, Koo A C, Hew S H. Self-regulated learning strategies and non-academic outcomes in higher education blended learning environments: a one decade review[J]. Education and Information Technologies, 2020, 25(5): 3677-3704.

[13] 邓国民, 韩锡斌, 杨娟. 基于 OERs 的自我调节学习行为对学习成效的影响[J]. 电化教育研究, 2016, 37(3): 42-49, 58.

[14] Boelens R, De Wever B, Voet M. Four key challenges to the design of blended learning: a systematic literature review[J]. Educational Research Review, 2017, 22: 1-18.

[15] Lin J W, Lai Y C, Lai Y C, et al. Fostering self - regulated learning in a blended environment using group awareness and peer assistance as external scaffolds[J]. Journal of Computer Assisted Learning, 2016, 32(1): 77-93.

[16] Shyr W J, Chen C H. Designing a technology-enhanced flipped learning system to facilitate students' self-regulation and performance[J]. Journal of Computer Assisted Learning, 2018, 34(1): 53-62.

[17] Broadbent J. Comparing online and blended learner's self-regulated learning strategies and academic performance[J]. The Internet and Higher Education, 2017, 33(1): 24-32.

[18] 何明召, 李成正, 王鹤瑾. 混合式学习管理系统中学生自我调节行为对学习成绩的影响研究[J]. 教育信息技术, 2021, (Z2): 102-105, 149.

[19] Bandura A. Self-efficacy: The Exercise of Control[M]. New York: W H Freeman, 1997.

[20] 边玉芳. 学习自我效能感量表的编制[J]. 心理科学, 2004, (5): 1218-1222.

[21] 童金皓, 边玉芳. 网络学习中的自我效能感[J]. 现代远距离教育, 2005, (3): 25-27.

[22] 尹睿, 许丹娜. 网络学习环境与大学生学习自我效能感关系的研究报告[J]. 电化教育研究, 2011, (8): 46-52.

[23] 彭华茂, 王迎, 黄荣怀, 等. 远程学习效能感的结构和影响因素研究[J]. 开放教育研究, 2006, (2): 41-45.

[24] Compeau D R, Higgins C A. Computer self-efficacy: development of a measure and initial test[J]. MIS Quarterly, 1995, 19(2): 189-211.

[25] Eastin M S, LaRose R. Internet self-efficacy and the psychology of the digital divide[J]. Journal of Computer-mediated Communication, 2000, 6(1): 25-56.

[26] Alqurashi E. Self-efficacy in online learning environments: a literature review[J]. Contemporary Issues in Education Research (CIER), 2016, 9(1): 45-52.

[27] Stevens C K, Gist M E. Effects of self-efficacy and goal-orientation training on negotiation skill maintenance: what are the mechanisms?[J]. Personnel Psychology, 1997, 50(4): 955-978.

[28] 方旭. MOOC 学习行为影响因素研究[J]. 开放教育研究, 2015, 21(3): 46-54.

[29] 李小娟, 梁中锋, 赵楠. 在线学习行为对混合学习绩效的影响研究[J]. 现代教育技术, 2017, 27(2): 79-85.

[30] 彭文辉. 网络学习行为分析及建模[D]. 武汉: 华中师范大学, 2012.

[31] 李松林. 课堂教学行为分析引论[J]. 教育理论与实践, 2005, (7): 48-51.
[32] 伍文燕, 张振威. 行为科学理论及其对网络学习行为分析的启示[J]. 中国教育技术装备, 2017, (18): 114-115, 120.
[33] 刘中宇, 周晓. 行为科学理论指导下的高校大学生网络学习行为研究[J]. 中国电化教育, 2008, (5): 46-48.

第 3 章　数字化环境下学习行为的影响因素

在学习过程中，影响学习行为的因素有很多。从社会学习理论的角度看，学习者的个体因素包括性别、年龄、学段、家庭背景、学习风格、学习方法、学习动机、自我效能感等；环境因素包括学习空间、教学方法、课程特征、外界支持、交互方式等都会影响学习行为。从直观上来看，数字化改变的是学习环境，但实际上随着环境的改变，学习者的个体因素如动机、自我效能感、学习方法等随之发生变化，这些变化及各因素间的交互作用都会对学习行为产生影响。学习行为的差异和改变最终影响的是学习结果，如使用意向、持续使用意向、成绩等。

3.1　学习行为影响因素研究模型

Wang 等在 1990 年采用内容分析法对影响学习结果的相关变量进行了较全面的研究。该研究以传统的面对面课堂学习为研究对象，将影响学习结果的变量归纳为当地教育水平、课后学习因素、学校层面因素、学习者因素、教学设计因素、教学设施及课堂氛围因素六类。研究结果表明，教学设计和课后学习是最重要的两类变量，教学设施和课堂氛围、学习者因素位居其次[1]。Hattie 在对 800 多项关于学习结果的研究进行元分析后，将影响学习的 138 个因素归为学习者、家庭、学校、教师、课程、教学六大类别，并加以比较和总结后发现，影响学习结果的最大因素是教师，其次是课程和教学，然后是学习者自身。两项研究的共性表明教学的实施和学习者自身因素对学习结果的影响起到至关重要的作用[2]。学习者和学习环境因素分别与学习行为之间有双向影响，学习行为既可以作为上述因素影响学习结果的中介变量，行为本身与结果之间也具有双向相互影响。数字化环境下学习行为影响因素的概念模型如图 3.1 所示。

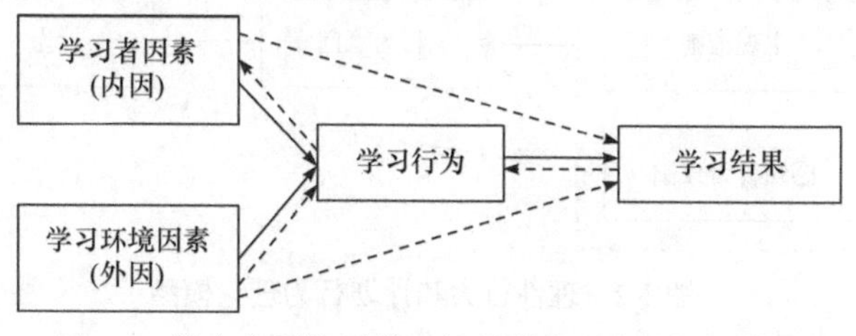

图 3.1　数字化环境下学习行为影响因素的概念模型

理性行为理论(theory of reasoned action, TRA)、计划行为理论(theory of planned behavior，TPB)、技术接受模型(technology acceptance model，TAM)、整合科技接受模型(unified theory of acceptance and use of technology，UTAUT)、探究社区模型(community of inquiry，COI)等不同的理论模型均可作为数字化环境下学习行为影响因素研究的切入点。

3.1.1 理性行为理论和计划行为理论

理性行为理论解释了态度与行为的关系，在学习中，主要用于根据学习者先前存在的态度和行为意向来预测行为方式。该理论由 Martin Fishbein 和 Icek Ajzen 于 1977 年首次提出[3]。理性行为理论源自社会心理学研究中的说服模型和态度理论。理性行为理论认为，行为意向是行为的主要动力，更强的意向会导致执行行为的努力增加[4]。决定行为意向的两个关键因素是态度和主观准则，通过检查态度和主观准则，可以了解学习者是否会执行预期的学习行为。然而，进一步的研究表明，行为意向并不总是导致实际行为，意向不能成为行为是否执行的唯一决定因素，为提高理性行为理论的解释能力，Icek Ajzen 对理性行为理论进行了发展，在理性行为理论中添加了“感知行为控制”模块，并提出计划行为理论[5]。感知行为控制指的是一个人相信他可以执行给定行为的程度，感知行为控制涉及对个人自身执行行为能力的感知。计划行为理论认为，当人们觉得自己可以成功实施某些行为时，他们更有可能打算实施某些行为。

从理性行为和计划行为理论出发，探索影响学习行为的因素转变为探索影响学习行为意向的因素，即探索影响学习者行为态度、主观准则和感知行为控制的因素。理性行为和计划行为理论模型如图 3.2 所示，其中虚线框内的是影响学习行为和行为意向的因素。当未加虚线箭头所指的关系时，该图为理性行为理论模型；增加虚线箭头所指关系，该图为计划行为理论模型。

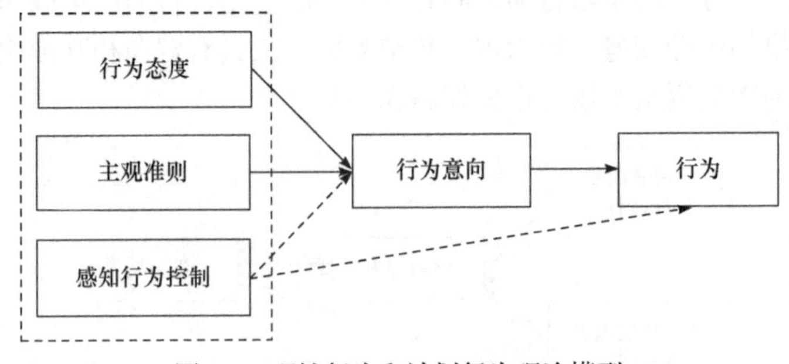

图 3.2 理性行为和计划行为理论模型

3.1.2　技术接受模型和整合型科技接受模型

根据理性行为理论在信息技术和计算机领域的应用，Fred D.Davis 提出了技术接受模型[6]。技术接受模型实际上探讨的是在技术环境下，影响理性行为模型中态度的相关因素。技术接受模型认为，影响使用者态度的最重要因素是感知有用性和感知易用性及影响这两者的外部因素。感知有用性指的是人们认为使用特定系统会提高其工作绩效的程度，在数字化学习环境中，即学习者认为数字化环境会提高其学习绩效的程度。感知易用性则指的是学习者使用数字化学习环境不费力的程度。技术接受模型如图 3.3 所示，其中虚线框标出的部分为影响学习行为和行为意向的因素。Venkatesh 和 Davis 扩展了最初的技术接受模型，从社会影响(主观准则、自愿性、用户形象)和认知工具过程(工作相关性、输出质量、结果可证明性、感知易用性)方面解释感知有用性和使用意向，将技术接受模型 TAM 扩展为 TAM2[7]。

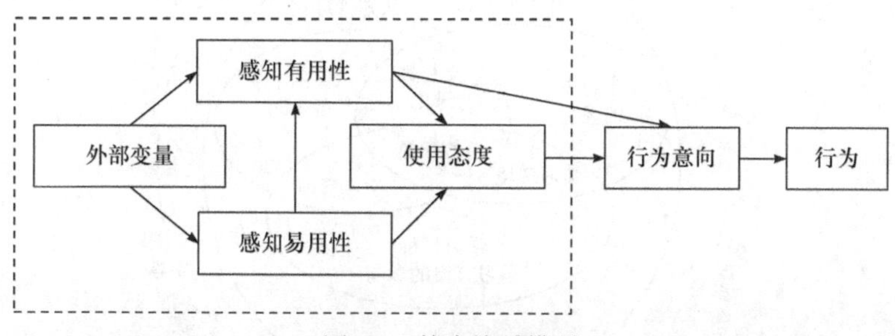

图 3.3　技术接受模型

Venkatesh 整合了理性行为模型、计划行为模型、技术接受模型等八种模型的结构，于 2003 年提出了整合科技接受模型 UTAUT。UTAUT 模型认为绩效期望、努力期望和社会影响是行为意向的直接决定因素，有利条件是行为的直接决定因素。性别、年龄、经验和自愿性是调节上述四个关键因素对行为意向和行为影响的调节变量[8]。UTAUT 模型如图 3.4 所示，其中虚线框标出的部分为影响学习行为和行为意向的因素。

在数字化学习环境中，技术接受模型和整合科技接受模型探讨的是影响行为意向和学习行为的内在因素。近年来，不断有研究者从数字化学习的角度在模型中引入新的研究变量，例如，尝试在其中添加外部变量，探索外部因素对用户态度、行为意向和行为的影响[9]，在变量中加入感知娱乐性[10]、自我管理等内部变量等。

3.1.3　探究社区理论模型

探究社区理论模型是为在线学习环境提出的指导性理论框架，如图 3.5 所示。

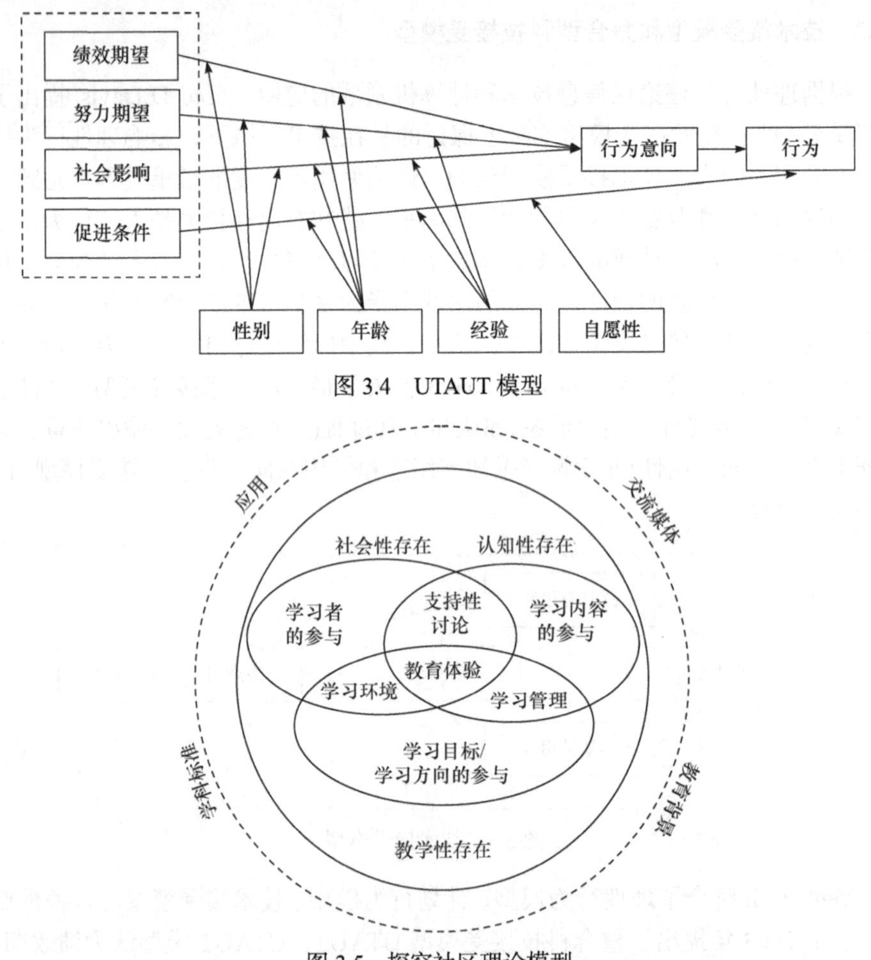

图 3.4　UTAUT 模型

图 3.5　探究社区理论模型

探究社区理论模型的核心是在学习社区中，通过社会性存在、认知性存在和教学性存在三个相关要素，为学习者的学习体验过程创设学习环境。因此，探究社区的切入点是探讨影响数字条件下学习行为的外因，即环境因素。

教学性存在被定义为“为实现富有个人意义和教育价值的学习成果，对认知过程和社交过程进行设计、促进和指导。”[11]教学性存在取决于教师对教学内容和课程活动的设计，以及对教学活动的维持和组织是否有效[12]。教学性存在一般分为两个阶段，第一阶段是课程开展前，教师对学习内容、学习资源、学习方法、学习活动等进行设计和组织；第二阶段是在课程进行中，教师通过言语、行为等促进学习活动的有效开展，并对学习过程进行指导。教学性存在主要由教师来维持，因此教学性存在是研究教师作为环境因素影响学习者学习行为的切入点。

社会性存在指的是学习者通过数字化学习平台表现真实自我的能力，它通常取决于学习者个人情感的表达、学习者之间的交流互动、学习团队的凝聚力等[11, 13]。社会性存在不仅能促进学习者之间的交互行为，还能为学习者创造有利于探索性行为的条件，并支持和鼓励学习者进行批判性的探究。因此社会性存在是数字化学习环境中影响学习者学习行为的关键情感因素，它体现的是“学习氛围”对学习者行为的影响。

认知性存在指的是学习者在探究社区中通过持续的自我反思和对话能够建构意义的程度[11]，它反映的是学习的结果。教学性存在、社会性存在、认知性存在三者之间存在相关性，教学性存在和社会性存在对认知性存在有正向影响，社会性存在是教学性存在与认知性存在之间的重要中介变量[14]。和谐、信任、合作的在线学习氛围；精心设计的学习材料、学习活动；及时有效的教学指导，能促进学习者的探究性学习活动、批判性反思和对话协商[15]。

3.2 影响学习行为的内因和外因

大多数研究者认为，学习者学习行为的影响因素包括内因和外因两类[16, 17]。其中内因包括学习者原有的知识结构、学习者的内在特征和心理因素等[18]，如学习动机、学习风格、情绪等[19]。外因主要指广义的环境因素，如学习资源和内容、学习氛围、教师的关注等[20]。

3.2.1 学习者因素

学习者自身因素通常指的是学习者的人口学特征(性别、年龄、地区等)、学习者的心理特征、学习者的专业背景、学习基础、学习策略和数字化学习经验等。

数字化学习环境下，学习者会更多地独立面对学习环境来决定自己的学习内容和方式。为了获得良好的学习结果，学习者的学习行为会更多表现出自我调节的特征[21]，即学习者为了达到学习目标，在事先计划、实施和自我反思阶段，主动运用和调控自己的认知、元认知和动机，来对学习过程做出反应，在学习过程中运用计划、监控、调节、反思等学习行为[22]。

(1) 学习者个人特征对数字化环境下学习行为的影响

学习者的性别能够影响某些学习行为，但总体上对学习行为的影响不大。例如，有研究表明，不同性别的学习者，在信息浏览行为、问题解决行为上没有显著差异，但在信息发布行为上，男生优于女生[23]，女生参与在线交流的主动性更高，但男生更可能成为信息流的潜在控制者[24]。不同专业的学习者在数字化环境下开展学习的熟练程度不同，因此在某些学习行为上表现出显著差异。例如，信息技术相关专业的学习者，在信息浏览行为、信息发布行为、信息交流行为及问题解决行为上均优于文科类学习者[23]。

不同专业学习者数字化环境下学习行为的差异来源于学习者自身信息素养的差异。有研究发现，学习者年龄越大，学习能力和信息素养越趋于减弱，对新技术的掌握相对越慢；但同时年龄较大的学习者，一般具有更强的学习能力和更多的自身经验，更容易选择适合自己的学习策略。学习者在数字化环境下的学习经验可以强化其学习信心，其学习风格和个性特征与学习行为具有密切的关系。

(2) 动机因素对数字化环境下学习行为的影响

学习动机，尤其是内在动机是激发数字化环境下的学习行为的直接动力[25]。兴趣和态度作为动机的激发因素对学习行为有显著影响，浓厚的兴趣和积极的态度能促进学习者的学习行为。除兴趣外，学习者的需求是产生学习动机、激发学习行为的另一重要因素[26]。自我效能感是动机因素的重要组成部分[27]。在学习中，自我效能感是指学习者对自己能够完成学习任务的信心，是学习得以持续的心理原因，是影响学习行为的重要心理因素。实验研究表明，学习者的自我效能感对其数字化环境下的学习行为能产生最直接的影响，自我效能感高的学习者，自主完成数字化课程学习的能力越强，学习成绩相应也会越好[28]。实证研究表明，学习者的自我效能感会显著影响其学习过程中的自我调节学习策略的选择和运用，即影响策略计划行为。当学习者的自我效能感较高时，他在学习过程中更有可能展现出与批判性思维相关的行为[29]，且具有较高自我效能感的学习者，更容易在自我学习结果的反思中表现出自我满意的行为[15]。

(3) 学习策略对数字化环境下学习行为的影响

学习策略是学习者为了达到学习目标，有目的、有意识地制定的有关学习过程的复杂的方案。研究表明，学习者采用的学习策略会影响其目标制定行为和自我评价行为。当学习者能采用较丰富的学习策略时，他对自己的学习过程具有较强的把握能力，对自己能达到的学习结果有更准确的预估，因此更愿意为自己制定学习目标。同理，拥有较丰富学习策略的学习者，在遇到学习难题时，能够选择合适的策略予以解决，达到较好的结果，因此在反思自己的学习表现时，会展现出积极的自我评价行为。学习策略与批判性思维的发展也非常密切[30]，在学习者拥有较丰富的学习策略时，他更有可能在学习过程中表现出与批判性思维相关的行为[15]。

3.2.2 环境因素

学习中的环境因素包括教师、学习资源、学习空间、学习同伴等。反过来，数字化学习环境一方面提供了更多样化的互动方式，另一方面也因为时空距离增大，传统的互动方式难以实现。数字化学习环境中，教师与学习者的交互可以极大促进学习者的持续参与。环境的影响不仅体现在师生互动上，数字化学习资源的组织结构，课程资源的易用性、有用性也是促进学习者持续参与的重要因素。

(1) 教师对数字化环境下学习行为的影响

教师和学习者是学习活动中的两大主体。学习者与教师的互动是影响其学习行为的最重要因素之一[31]。教师对学习活动的支持主要体现在教学方法、教师的帮助和教师对学习者的态度三个方面[32]。学习者在解决问题或验证观点时，教师采用以学生为中心的教学方法，例如，鼓励学习者探究，启发学习者思考等能使学习者更积极地参与学习活动。教师对学习者的帮助、友好、信任、鼓励的态度能显著影响学习者的目标定位和任务价值。教师在学习活动中与学习者的互动，对促进学习者的自主学习行为起到至关重要的作用[33]。有实证研究表明，教师与学习者的交互频率，对学习者的信息发布行为、信息交流行为有显著影响，当借助网络平台开展学习时，师生交互频率提高，学习者的信息发布行为与信息交流行为随之提升[34]。

教师还是教学性存在的主要维持者。在探究社区模型中，教学性存在是所有的社区参与者(包括教师和学习者)一起构建的，主要由教师来维持。教学性存在取决于教师对教学内容和课程活动的设计是否恰当，以及维持在线讨论和教学组织是否有效[12]。在课程开展之前，教师对学习内容、学习材料、学习方法、学习活动进行设计和组织；在课程进行中，教师通过话语等促进学习者会话的持续有效开展，以及对学习者学习过程中存在的疑问进行直接指导均是教学性存在的表现形式。教学性存在是探究社区模型中最关键的要素，能有效维持另外两个要素——认知性存在和社会性存在[35]，并决定学习者的满意度、学习感知和社区感[36]。

在传统学习环境中，教师是知识的提供者，他所提供的服务是断点式、封闭式和普适性的。即教师的任务是完成课程或学科教学内容的传授，采取一定的教学方法帮助学习者掌握知识，以及在统一的教学目标下通过同样的教学过程来帮助学习者获得某一学科领域的素养。在数字化学习环境下，学习空间、学习资源甚至学习方式均为开放性的，学习者需要的是多元化、个性化的学习。教师必须在教学目标的确立、教学资源的选择和推送、教学过程的组织、师生交互中采取不同于传统的做法，承担新的角色。数字化学习环境下，教师的信息素养，包括电子课件的准备、设备的使用与调试、教师的镜头感、熟练使用数字化平台开展评价等均能够影响数字化学习环境下的学习行为[37]。

(2) 同伴对数字化环境下学习行为的影响

同伴间的互助和求助有助于增强数字化环境中学习者的自我调节学习行为。接受同伴反馈会鼓励学习者调节自己的学习，并促使他们在需要时请求他人的帮助。同时，同伴互助对学习者的学习动机有显著影响，可以通过动机因素间接影响其学习行为。同伴间的交流协作增加了学习者自我反思的机会，进而影响学习者的学习行为，如调整学习策略、设置新的学习计划等。在探究社区模型中，社会性存在是学习者表现“真实自我”的能力，社会性存在取决于个人情感的表达、开放交流和团队凝聚力[11]。凝聚力是社区成员在交往中逐渐互相了解，经过一定时间后建立的人际关系，同伴和团队是凝聚力的重要成分。社区凝聚力影响学习者在线交互的频度和深度[38]，关系松散的社区，学习者之间的交互明显不足[39]，而建立一个协作和信任的学习社区，能鼓励学习者加强交互[40]。只有当学习者感受到社区成员之间密切的联系，才会与同伴有更多互动行为，持续参与到会话和协作活动中。研究表明，社区凝聚力是影响学习满意行为的主要因素[15]。

(3) 学习活动的设计对数字化环境下学习行为的影响

数字化环境下，学习系统或在线课程的设计会影响学习者的学习行为。设计良好的数字化学习环境应兼顾学习者的情感过程和认知过程，为学习者提供脚手架，以提高学习者的自我调节学习能力[41]。对比研究的结果表明，在数字化学习环境中，提供了脚手架支撑的学习者比没有支撑的学习者能更好地规划、监测和实施学习策略[42]；课程资源内容新颖且易于理解，主体性较强或与学习者的学习需求相关性高，课程活动设计良好，学习支持服务完备等会让学习者感觉外界支持条件充足，其进行在线学习的行为意向会更加强烈[34]，过易或过难的课程活动都会对学习者的积极性产生消极影响，从而影响学习行为[26]。课程的考核方式同样会影响学习者的学习行为。在数字化环境下，不同考核方式下学习者的信息浏览行为、信息交流行为等存在显著差异[23]。

3.3 影响数字化环境下各阶段学习行为的因素

3.3.1 数字化学习环境接受阶段

关于数字化学习行为影响因素的研究通常着眼于不同的学习阶段。在某一新形式的数字化学习工具或学习平台使用初期，关注的热点是学习者的接受行为或使用意向，多在理性行为理论、计划行为理论、技术接受度模型或整合型科技接受模型的框架下开展研究。上述模型的共性是各因素通过影响学习行为意向进而影响学习行为。

多项研究表明，感知有用性和感知易用性、绩效期望是大多数数字化环境学习行为意向的显著影响因素[43]。具体来说，在移动学习中绩效期望、社会影响、努力期望、成就目标和移动自我效能感显著影响移动学习行为意向[44]；在虚拟仿真场景学习中，临场感是影响学习行为意向的主要因素[45]；在游戏化学习中，主观规范、交互合作、感知有用、感知易用、感知娱乐、沉浸体验、游戏特性、自我效能等因素显著影响行为意向，此外学习者的性别在游戏化学习中也是重要的影响因素[46]。

除上述影响因素外，学习者的内在目标导向、自我管理和元认知意识通过感知在线交互和态度间接影响学习行为意向，教师支持通过中介变量显著影响学习者行为意向，动机、归因等学习者个体因素和课程内容、平台功能、教学交互等系统和环境因素同样可以纳入技术接受等模型，影响学习者的行为意向。

3.3.2　数字化学习环境持续使用阶段

已经具备数字化学习环境下的学习体验后，学习者面临持续学习和退出学习两种选择。这一阶段，研究多关注的是学习者持续使用数字化学习环境的行为和行为意向。广泛采用的理论模型包括用户满意度理论(user satisfaction)[47]和期望确认理论(expectation confirmation theory, ECT)[48]。上述模型多以满意度为中介，探讨学习者对数字化学习环境、产品及资源的感知有用性、绩效期望，以及在使用一段时间后学习者原本的期望是否得到确认等因素对持续使用意向的影响。关注的重点是继学习者的初始接受和采纳行为后，在数字化环境下开展学习活动的过程中，其感受和态度的变化及其对持续使用意向和行为的影响。

归纳国内外研究者在这一方向的研究成果发现，影响数字化学习环境持续使用意向和行为的因素主要包括外部因素中的数字化学习环境的质量、学习环境和学习内容的有用性、娱乐性及获得的学习支持、社会环境因素等；内部因素主要包括动机类因素(含自我效能感、态度、兴趣等)。具体来说，加拿大学者 Roca 等的研究表明，数字化环境的系统质量和服务质量、学习内容的信息质量，感知有用性、感知自主支持、感知娱乐性、感知相关性、感知能力，学习者对数字化学习环境期望的确认度、满意度及计算机自我效能感是显著影响持续使用意向的因素[49, 50]。Bhattacherjee 在期望确认理论的基础上提出了期望确认模型(expectation-confirmation model，ECM)，并进一步提出了信息化环境下的期望确认模型(expectation-confirmation model of information system continuance，ECM-ISC)[51]，基于期望确认模型的研究表明，满意度是影响数字化环境下学习者持续使用意向的最显著因素，此外，学习者自身的态度、注意力的集中度、主观规范及感知行为控制等同样能够显著影响持续使用意向。国内研究者针对在线学习持续使用意向的研究表明，在线课程的内容、感知互动性、感知兴趣、期望的确认程度是关键性的影响因素[52]。一方面数字化学习环境为学习互动提供了更先进、更丰富的工具和更多样化的形式；另一方面，数字化学习环境的广泛应用带来的教师督促缺失、学习者自制能力差、课程信息量过大[53]、学习过程互动性差等问题[54]会导致学习者持续投入时间不够或不规律，感知自主支持低，协作与互动少，这是影响持续使用行为的障碍[55]。此外，少数学习者参与数字化学习的动机具有投机性，前期知识和技术基础储备不足等也影响学习者持续使用行为意向。

参考文献

[1] Wang M, Haertel G, Walberg H. What influences learning? a content analysis of review literature[J]. Journal of Educational Research, 1990, 84(1): 30-43.

[2] Hattie J, Yates G C. Visible Learning and the Science of How We Learn[M]. New York: Routledge, 2013.

[3] Fishbein M, Ajzen I. Belief, attitude, intention, and behavior: an introduction to theory and research[J]. Philosophy and Rhetoric, 1977, 10(2): 521-562.

[4] Montano D E, Kasprzyk D. Theory of reasoned action, theory of planned behavior, and the integrated behavioral model[J]. Health Behavior: Theory, Research and Practice, 2015, 70(4): 231.

[5] Ajzen I. The theory of planned behavior[J]. Organizational Behavior and Human Decision Processes, 1991, 50(2): 179-211.

[6] Davis F D. Perceived usefulness, perceived ease of use, and user acceptance of information technology[J]. MIS Quarterly, 1989, 13(3): 319-340.

[7] Venkatesh V, Davis F D. A theoretical extension of the technology acceptance model: four longitudinal field studies[J]. Management Science, 2000, 46(2): 186-204.

[8] Venkatesh V, Morris M G, Davis G B, et al. User acceptance of information technology: toward a unified view[J]. MIS Quarterly, 2003, 27(3): 425-478.

[9] Nadri H, Rahimi B, Afshar H L, et al. Factors affecting acceptance of hospital information systems based on extended technology acceptance model: a case study in three paraclinical departments[J]. Applied Clinical Informatics, 2018, 9(2): 238-247.

[10] Lowry P B, Gaskin J, Twyman N, et al. Taking “fun and games” seriously: proposing the hedonic-motivation system adoption model (HMSAM)[J]. Journal of the Association for Information Systems, 2012, 14(11): 617-671.

[11] Garrison D R. E-learning in the 21st Century: A Community of Inquiry Framework for Research and Practice[M]. New York: Routledge, 2016.

[12] Ice P, Gibson A M, Boston W, et al. An exploration of differences between community of inquiry indicators in low and high disenrollment online courses[J]. Journal of Asynchronous Learning Networks, 2011, 15(2): 44-69.

[13] Garrison D R, Akyol Z. Toward the development of a metacognition construct for communities of inquiry[J]. The Internet and Higher Education, 2015, 24: 66-71.

[14] Shea P, Bidjerano T. Community of inquiry as a theoretical framework to foster “epistemic engagement” and “cognitive presence” in online education[J]. Computers & Education, 2009, 52(3): 543-553.

[15] 孔丽丽. 网络学习社区中自我调节学习行为影响机制研究[D]. 无锡: 江南大学, 2018.

[16] 王丽娜. 网络学习行为分析及评价[D]. 西安: 陕西师范大学, 2009.

[17] 黄海林, 王丽, 杨雪. 网络学习行为影响因素分析与模型构建[J]. 中国高等医学教育, 2011, (6): 12-13, 56.

[18] 梁斌, 王选孔. 学习者特征因素影响网络学习行为的研究[J]. 广州大学学报(社会科学版), 2009, 8(9): 62-66.

[19] Arguedas M, Daradoumis A, Xhafa F. Analyzing how emotion awareness influences students' motivation, engagement, self-regulation and learning outcome[J]. Educational Technology and Society, 2016, 19(2): 87-103.

[20] 赵呈领, 李红霞, 蒋志辉, 等. 消除在线学习者倦怠: 教师情感支持的影响研究[J]. 中国电化教育, 2018, (2): 29-36.

[21] 李新房, 刘名卓, 祝智庭. 新兴技术在高等教育中的应用分析与对策思考——《2016 地平线报告(高等教育版)》解读[J]. 教育发展研究, 2016, 36(7): 31-38, 51.

[22] 徐晓青, 赵蔚, 刘红霞. 大学生在线学习满意度影响因素研究[J]. 中国远程教育, 2017, (5): 43-50, 79-80.

[23] 党旗. SPOC 在线学习行为及其影响因素研究[D]. 杭州: 杭州师范大学, 2019.

[24] Chan R Y Y, Huang J, Hui D, et al. Gender differences in collaborative learning over online social networks: epistemological beliefs and behaviors[J]. Knowledge Management & E-Learning: An International Journal, 2013, 5(3): 234-250.

[25] 刘儒德, 江涛. 学习者特征对网络学习的影响[J]. 中国电化教育, 2004, (6): 11-15.

[26] 刘兴宇. 基于 APP 课程的研究生移动学习行为的影响因素研究[D]. 沈阳: 沈阳师范大学, 2022.

[27] Bandura A. Social Foundations of Thought and Action: A Social Cognitive Theory[M]. Englewood-cliffs: Prentice-Hall, 1986.

[28] Joo Y J, Bong M, Choi H J. Self-efficacy for self-regulated learning, academic self-efficacy, and internet self-efficacy in web-based instruction[J]. Educational Technology Research and Development, 2000, 48(2): 5-17.

[29] 黄蕾, 鲁娟, 梁韵琳, 等. 医学生批判性思维能力与一般自我效能感的相关性研究[J]. 复旦教育论坛, 2015, 13(3): 108-112.

[30] 范文霈, 崔晓慧. 网络学习环境下批判性思维能力培养的研究[J]. 电化教育研究, 2008, (5): 33-37.

[31] Zimmerman B J. A social cognitive view of self-regulated academic learning[J]. Journal of Educational Psychology, 1989, 81(3): 329-339.

[32] Velayutham S, Aldridge J M. Influence of psychosocial classroom environment on students' motivation and self-regulation in science learning: a structural equation modeling approach[J]. Research in Science Education, 2013, 43(2): 507-527.

[33] Yen N L, Bakar K A, Roslan S, et al. Predictors of self-regulated learning in malaysian smart schools[J]. International Education Journal, 2005, 6(3): 343-353.

[34] 王佳. SPOC 环境下初中生在线学习行为影响因素研究[D]. 郑州: 河南大学, 2019.

[35] Kozan K, Richardson J C. Interrelationships between and among social, teaching, and cognitive presence[J]. The Internet and Higher Education, 2014, 21: 68-73.

[36] 段承贵. "探究式社区"理论框架述评及对网络教学的启示[J]. 终身教育研究, 2017, 28(1): 64-70, 78.

[37] 薛含笑. 中学生在线学习行为以及影响因素分析[D]. 广州: 广州大学, 2020.

[38] 戴心来, 郭卡, 刘蕾. MOOC 学习者满意度影响因素实证研究——基于"中国大学 MOOC"学习者调查问卷的结构方程分析[J]. 现代远距离教育, 2017, (2): 17-23.

[39] 王慧杰. 基于社会网络的 MOOC 学习者在线交流问题分析[J]. 情报探索, 2016, (10): 68-72.
[40] DeNoyelles A, Mannheimer Zydney J, Chen B. Strategies for creating a community of inquiry through online asynchronous discussions[J]. Journal of Online Learning & Teaching, 2014, 10(1): 153-165.
[41] McMahon M, Oliver R. Promoting self-regulated learning in an on-line environment[J]. Regulation, 2001, 33(3): 719-752.
[42] Dabbagh N, Kitsantas A. The role of social media in self-regulated learning[J]. International Journal of Web Based Communities, 2013, 9(2): 256-273.
[43] 荆永君, 李昕, 姜雪. 在线学习行为意向影响因素分析及后疫情时代的教育启示[J]. 中国电化教育, 2021, (6): 31-38.
[44] 许雪琦, 张娅雯. 移动学习平台用户使用意愿影响因素研究——基于移动情境和心流体验的技术接受模型[J]. 电化教育研究, 2020, 41(3): 69-75, 84.
[45] 杨兵, 刘柳, 朱晓钢, 等. 虚拟仿真实训系统学习行为意向影响因素研究——以企业运营虚拟仿真实训系统为例[J]. 中国远程教育, 2019, (5): 26-36, 92.
[46] 鞠煜. 游戏化学习行为意向影响因素与提升策略研究[D]. 南京: 南京邮电大学, 2021.
[47] Zviran M, Erlich Z. Measuring IS user satisfaction: review and implications[J]. Communications of the Association for Information Systems, 2003, 12: 81-103.
[48] Oliver R L. A cognitive model of the antecedents and consequences of satisfaction decisions[J]. Journal of Marketing Research, 1980, 17(4): 460-469.
[49] Roca J C, Chiu C M, Martínez F J. Understanding e-learning continuance intention: an extension of the technology acceptance model[J]. International Journal of Human-Computer Studies, 2006, 64(8): 683-696.
[50] Roca J C, Gagné M. Understanding e-learning continuance intention in the workplace: a self-determination theory perspective[J]. Computers in Human Behavior, 2008, 24(4): 1585-1604.
[51] Bhattacherjee A. Understanding information systems continuance: an expectation-confirmation model[J]. MIS Quarterly, 2001, 25(3): 351-370.
[52] Lee M C. Explaining and predicting users' continuance intention toward e-learning: an extension of the expectation-confirmation model[J]. Computers & Education, 2010, 54(2): 506-516.
[53] 樊文强. 基于关联主义的大规模网络开放课程(MOOC)及其学习支持[J]. 远程教育杂志, 2012, 30(3): 31-36.
[54] 康叶钦. 在线教育的"后 MOOC 时代"——SPOC 解析[J]. 清华大学教育研究, 2014, 35(1): 85-93.
[55] 梁林梅. MOOCs 学习者: 分类、特征与坚持性[J]. 比较教育研究, 2015, 37(1): 28-34.

第 4 章　混合式学习中学习者持续学习意向影响因素研究

混合式学习是面对面学习和以计算机为中介的数字化学习相结合的事物，强调两种独立的学习模式的结合及数字技术的核心作用[1]，是数字化环境下学习的常见形式之一。辍学、学习逃离、持续学习等是学习者表现出的较为宏观的学习行为。行为意向是行为的主要动力，在实证研究中，行为意向比行为更易于通过调查研究的方法收集。本章以混合式学习环境作为数字化学习环境的实例，以高等学校学习者的持续学习意向作为学习行为的实例，探讨数字化学习环境下学习行为的影响因素。

4.1　混合式学习应用现状

混合式学习符合高等教育机构的价值观，并已被证明可以提高有意义学习的有效性和效率[2]。大量研究表明，混合式学习灵活的组织形式、线上线下相结合的学习方式，提高了学习资源的可访问性和学习的成本效益[3-5]。近 20 年来，混合式学习受到了教育工作者的广泛关注，不仅被认为是未来的主流学习方式，是促进高等教育中技术应用的短期重点趋势[6, 7]，而且在目前的高等教育中已经有较好的普及。特别是随着新冠疫情在全球范围内的暴发，混合学习等灵活学习方式的应用程度达到了前所未有的水平。有研究报告称，混合学习将成为一种日常学习模式，而不是一种临时的危机应对方法[8, 9]。我国于 2020 年 4 月 7 日至 14 日对全国高校 6 亿多名教师和学生进行的调查显示，疫情后，超过 80%的教师计划实施在线学习或混合学习[10]。这一观点不仅在中国，而且在世界其他地区也得到广泛支持[9]。

混合式学习并不是新事物，受疫情影响，教与学的模式发生了大规模转变，许多不同背景的高等学校学习者成为混合式学习的新实践者。在疫情过后，这些新加入的学习者是否会继续使用混合式学习作为他们的日常学习模式？持续使用意向可以反映他们后续的行为抉择。对学习者来说，了解影响学习者持续参与混合式学习的关键因素对于支持他们的学习并帮助他们成功地继续完成混合学习课程至关重要。对于教学管理者、课程设计者和教师来说，了解影响学习者持续参与混合式学习的因素并据此提供改进和反馈同样重要[9]。

4.2　理 论 框 架

如 3.3 节所述，在数字化学习环境持续使用阶段，用户满意度理论和期望确认理论是常用的研究模型。本研究主要基于信息系统持续使用的期望-确认模型[11]，结合了整合科技接受模型的相关变量。此外，由于混合式学习的复杂性，还考虑了两个关键的学习者个体因素——内在动机和学习自我效能感。

4.2.1　信息系统持续使用期望-确认模型

信息系统持续使用期望-确认模型是衡量持续使用意向最常用的模型之一，它基于期望确认理论和技术接受模型提出。期望确认理论被广泛用于评估消费者购买后的满意度和再购买意向[12, 13]，它最初出现在心理学和市场营销的研究文献中。技术接受模型则主要用于描述使用者如何接受和使用信息系统的模型。技术接受模型认为感知有用性和感知易用性与信息系统接受行为密切相关[14]。

信息系统持续使用期望-确认模型包含四个核心变量：感知有用性、确认度、满意度和信息系统持续使用意向，如图 4.1 所示。对 MOOC 课程[15, 16]，移动学习[17]和混合学习[18, 19]的相关研究表明，该模型可用于有效测量数字化学习中的持续使用意向[20, 21]。

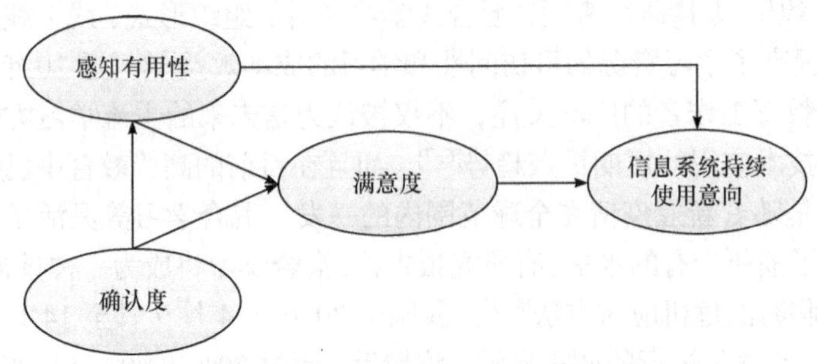

图 4.1　信息系统持续的期望-确认模型 ECM-ISC

感知有用性来源于技术接受度模型，被定义为一个人相信使用特定系统将提高他的工作表现的程度。在混合式学习中，感知有用性指的是学习者相信混合式学习将提高他的学习绩效[22]，在其他相关研究中，感知有用性有时也用绩效期望[22]来代替。

满意度指的是一个人在获得直接体验后对产品、服务或某项技术感到满意或满足的程度。期望确认理论中假设满意度直接受到使用者的确认性和感知有用性的影响，并以感知有用性为中介间接受到确认度的影响。

确认度是指一个人对产品、服务或技术的判断或评价。评价或判断来源于使用者将用后的感受与最初的期望进行比较的结果。当一项产品、服务或技术超过最初的期望时，确认度是积极的，会提升满意度；反之当低于最初的预期时，确认度是消极的，会降低满意度[11]。

4.2.2　内在动机和学习自我效能

内在动机是指人们对所从事活动的自发认知[23]。以往的研究表明，内在动机是预测数字化学习持续使用意向的直接因素[20]。此外，内在动机对满意度有正向影响[21]。内在目标导向是学习动机问卷(motivation scales for learning questionnaire, MSLQ)中的一个测量维度，与学习者认为自己由于内在动机(如挑战、好奇等)而参与任务的程度有关[24]。本研究中用内在目标导向来衡量内在动机。

自我效能感是个体对自己能完成某一方面工作的能力的主观评价[25]。学习自我效能感是指学习者对自己具有能取得某个成绩的能力的信念和态度，以及他们对自己具备成功完成学习活动的能力的信念[26, 27]。之前的研究表明，自我效能感会对动机产生积极或消极的影响，自我效能感高的人比自我效能感低的人更有可能努力完成某一项任务，并且坚持的时间更长[27]。此外，以往的研究也发现自我效能感是衡量持续使用意向的有效指标[28]。例如，Bhattacherjee、Perols 和 Sanford[29]都发现自我效能感能够显著影响持续使用意向。

4.3　研究模型与假设

4.2 节基于文献的研究表明学习者的绩效期望、确认度、满意度、内在动机和学习自我效能感会影响持续参与混合式学习的意向。因此，提出如下研究假设。

假设 1(H1)：绩效期望显著影响学习者持续参与混合式学习的意向。

假设 2(H2)：学习者对混合式学习的满意度显著影响混合式学习持续参与意向。

假设 3(H3)：学习者的内在动机显著影响混合式学习持续参与意向。

假设 4(H4)：学习者的学习自我效能感显著影响混合式学习持续参与意向。

假设 5(H5)：绩效期望显著影响学习者对混合式学习的满意度。

假设 6(H6)：学习者对混合式学习的确认度显著影响满意度。

假设 7(H7)：学习者的内在动机显著影响对混合式学习的满意度。

假设 8(H8)：学习者对混合式学习的确认度显著影响绩效期望。

假设 9(H9)：学习者的学习自我效能感显著影响内在动机。

研究模型如图 4.2 所示。

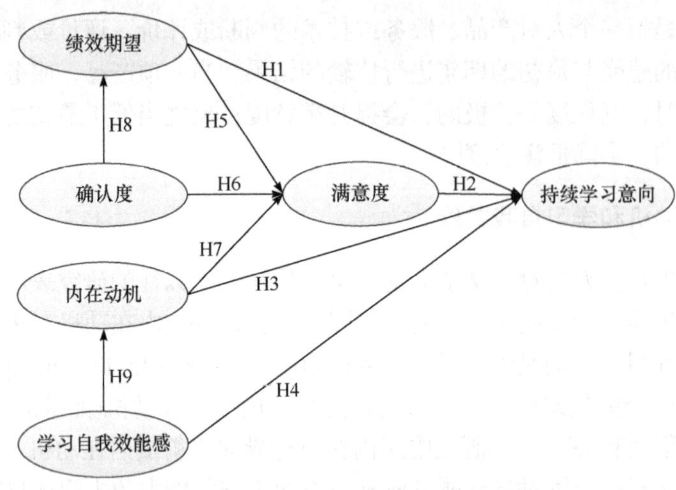

图 4.2　混合式学习持续学习意向影响因素研究模型

4.4　研 究 方 法

4.4.1　研究对象

为了探究影响大学生持续参与混合式学习意向的关键因素，本研究基于所提出的研究模型编制了问卷。问卷分别于 2020 年和 2021 年秋季学期在华中地区一所大学各进行了一次调查。在这两次调查中，参与者都是大学一年级学生，他们在秋季学期修读一门名为《大学计算机基础》的混合式学习课程。该课程是非计算机专业学生的第一学期的必修课程，通常持续 14 周。课程 1/3 的时间用于面对面教学，1/3 的时间用于实验室实践，1/3 的时间用于在线学习。这些大学一年级新生在中小学学习阶段仍然以传统的面对面课堂学习为主，极少接触混合式学习或根本没有参与过混合式学习。

4.4.2　研究工具

2020 年和 2021 年两次调查所用的问卷相同，均采用 5 度李克特量表，从 1 到 5 分别对应从“非常不同意”到“非常同意”。问卷的部分题项来源于信息系统持续使用期望-确认量表、整合科技接受模型和学习动机问卷。其中，问卷中的满意度维度包含 4 个题项、确认度维度包含 3 个题项、持续使用意向维度包含 3 个题项，上述题项均改编自信息系统持续使用期望-确认量表。信息系统持续使用期望-确认量表由 Bhattacherjee 于 2001 年开发，原始量表中上述维度的信度分别为：满意度维度($\alpha = 0.87$)、确认度维度($\alpha = 0.82$)、持续使用意向维度($\alpha = 0.83$)。改编后的问卷中，满意度维度的题项表达如“我很高兴参与到目前的学习方式中。”确认度维度的题项表达如“我对目前学习方式的体验比我预期的要好。”持续使用意向维度的题项表达如“我的愿意继续使用当前的学习方式，而不是任何其他方式(如传统的面对面学习)。”

问卷中的绩效期望维度包含 4 个题项，改编自整合科技接受模型[22]。在整合科技接受模型的原始问卷中，绩效期望的信度超过 0.90，改编后的表述方式如“目前的学习方式对我的学习更有用。”

内在动机和学习自我效能感两个维度均改编自学习动机问卷。学习动机问卷由 Pintrich[24]开发。在学习动机问卷中用内在目标导向来表示内在动机。学习动机问卷中的内在目标导向维度包含 4 个题项，原始问卷中的信度α=0.74。学习自我效能感维度题项改编自学习动机问卷中的自我效能感维度，包含 8 个题项，原始信度α= 0.93。改编后，内在动机的题项表达如“在目前这门课程的学习中，我更喜欢能引起我好奇心的课程材料，即使它很难学。”学习自我效能感维度的题项表达如“我确定我能理解这门课上最难的材料。”

4.4.3　数据收集与分析

两次调查都是在学期末进行的。所有参与调查的学习者都被告知了这项研究的目的，所有的回答都是匿名和自愿的。参与调查的学习者填写的全部为电子问卷。在 2020 年秋季的调查中，共向 471 名参与该课程的学习者发放了问卷，回收 403 份，回收率为 85.6%；回收的问卷中，有效问卷 342 份，有效率为 84.9%。在 2021 年秋季的调查中，共向 1374 名参与该课程的学习者发放了问卷，回收 1078 份，回收率为 78.5%。回收有效问卷 987 份，有效率为 91.6%。用 SPSS19.0 软件对收集的数据进行处理，用 Smart PLS v.3.3.2 构建研究模型，验证影响学习者持续参与混合学习的关键因素及其之间的相互关系。

4.5　研究结果

两次调查的结果非常相似，如表 4.1 所示。在 2020 年秋季的调查中，各维度的得分在 3.91～3.94 之间。其中，持续使用意向维度的平均得分最低，均值 M = 3.91，方差 SD = 0.73，内在动机的平均得分最高，均值 M = 3.97，方差 SD = 0.64。2021 年秋季调查中各维度的得分范围在 3.64～3.83 之间。其中，学习自我效能感维度的平均得分最低，均值 M = 3.64，方差 SD = 0.67，持续使用意向的平均得分最高，均值 M = 3.83，方差 SD = 0.71。

表 4.1 调查结果的描述统计

变量	2020 年秋季学期		2021 年秋季学期	
	均值	方差	均值	方差
AS	3.94	0.60	3.64	0.67
CO	3.93	0.73	3.80	0.70
CI	3.91	0.73	3.83	0.71
IM	3.97	0.64	3.81	0.63
PE	3.94	0.73	3.81	0.71
SA	3.95	0.70	3.82	0.71

注：AS = 学习自我效能，CO = 确认度，CI = 持续使用意向，IM = 内在动机，PE = 绩效期望，SA = 满意度。

4.5.1 信度与效度分析

Smart PLS 采用偏最小二乘结构方程(PLS-SEM)建模，标准化均方根残差(standardized residual mean root, SRMR)是衡量偏最小二乘结构方程建模拟合度的参数，通常用于避免模型错配[30]。一般认为 SRMR 值小于 0.08 时拟合良好[31]。在本研究 2020 年和 2021 年的调查数据中，模型的 SRMR 值分别为 0.04 和 0.035，均小于 0.08，表明所建立的研究模型拟合良好，适合本问题的研究。

偏最小二乘结构方程建模中通常采用克隆巴赫系数 Cronbach's α 和综合信度 CR 来衡量结果的内部一致性程度。用平均方差提取值(average variance extracted, AVE)[32]评估效度[33]，AVE 的平方根与潜在变量之间的相关性用于衡量判别效度[34]。本研究模型中，Cronbach's α 和 CR 的各项参数均超过 0.7，AVE 的各项参数均超过 0.5，所有潜在变量的相关性均低于相应 AVE 的平方根，如表 4.2 所示。统计结果表明，本研究所采用的调查结果具有良好的信度和效度。

表 4.2 调查结果的信度和效度

		题项	信度		聚合效度	区分效度					
			α	CR	AVE	AS	CO	CI	IM	PE	SA
2020 年秋季学期	AS	8	0.95	0.96	0.73	0.86					
	CO	3	0.92	0.95	0.87	0.69	0.93				
	CI	2	0.90	0.95	0.91	0.67	0.80	0.95			
	IM	4	0.92	0.94	0.80	0.77	0.75	0.76	0.90		
	PE	4	0.95	0.97	0.88	0.70	0.86	0.80	0.76	0.93	
	SA	4	0.94	0.96	0.85	0.70	0.86	0.87	0.77	0.83	0.92
2021 年秋季学期	AS	8	0.96	0.96	0.77	0.88					
	CO	3	0.90	0.94	0.83	0.63	0.91				
	CI	2	0.86	0.93	0.87	0.59	0.79	0.94			

续表

		题项	信度		聚合效度	区分效度					
			α	CR	AVE	AS	CO	CI	IM	PE	SA
2021 年秋季学期	IM	4	0.87	0.91	0.72	0.73	0.66	0.64	0.85		
	PE	4	0.93	0.95	0.84	0.62	0.83	0.78	0.66	0.91	
	SA	4	0.94	0.96	0.86	0.63	0.86	0.87	0.68	0.84	0.93
	标准		>0.70	>0.70	>0.50						

4.5.2　假设检验

采用偏最小二乘算法对现有数据进行结构模型的拟合度评价。在 PLS 方法中，决定系数 R^2 是常用的拟合度评价参数[35]，用于评价对模型进行线性回归后，模型系数的拟合优度。R^2 越接近 1，所拟合的回归模型越优，R^2 为 0.75 时，模型较优，R^2 为 0.50 时，模型拟合程度为中等[30]。在 2020 年和 2021 年的两次调查中，影响学习持续使用意向的内生潜变量和满意度内生潜变量的 R^2 均超过 0.75。两次调查中绩效期望和内在动机的内生潜变量的 R^2 均超过 0.50，表明所有的内生潜在变量均得到了较好的解释。

使用 bootstrapping 方法分别计算两次调查的路径系数(β 值)。bootstrapping 方法的再抽样样本数取值为 5000，表 4.3 显示了路径系数的 t 值、p 值和 R^2。两次调查数据的 bootstrapping 结果相同，如表 4.3 和图 4.3 所示，除路径 AS -> CI 不成立外，其他路径系数均有统计学意义。这意味着原假设模型经过验证，假设 H4 被拒绝，其他假设全部被接受。

表 4.3　研究假设的验证结果

假设路径	路径	2020 年秋季学期					2021 年秋季学期				
		路径系数	t 值	P 值	结果	R^2	路径系数	t 值	p 值	结果	R^2
1	PE -> CI	0.199	2.64**	0.008	接受	0.788	0.164	4.29***	0.000	接受	0.764
2	SA -> CI	0.598	7.49***	0.000	接受		0.677	16.34***	0.000	接受	
3	IM -> CI	0.136	1.98*	0.048	接受		0.057	2.07*	0.038	接受	
4	AS -> CI	0.006	0.12	0.902	拒绝		0.022	0.90	0.369	拒绝	
5	PE -> SA	0.233	3.12**	0.002	接受	0.790	0.363	9.41***	0.000	接受	0.801
6	CO-> SA	0.485	6.57***	0.000	接受		0.483	11.49***	0.000	接受	
7	IM -> SA	0.231	4.48***	0.000	接受		0.119	4.29***	0.000	接受	
8	CO -> PE	0.863	43.24***	0.000	接受	0.743	0.826	59.76***	0.000	接受	0.683
9	AS -> IM	0.771	21.89***	0.000	接受	0.593	0.727	32.83***	0.000	接受	0.529

注：$*p < 0.05$；$**p < 0.01$；$***p < 0.001$。

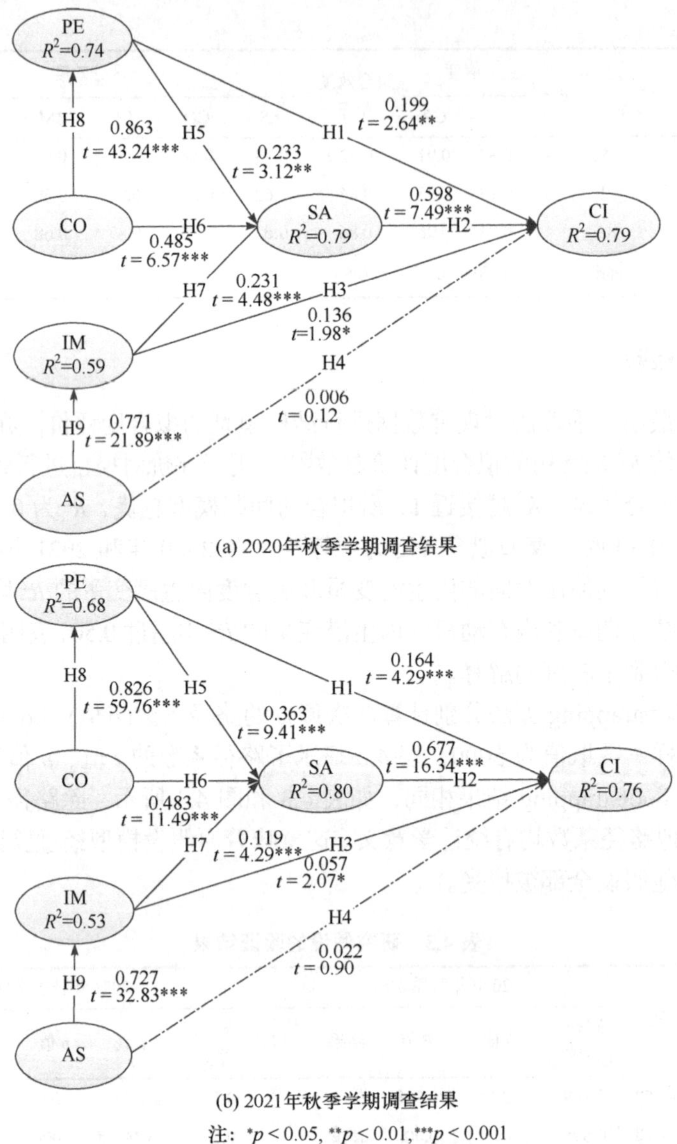

(a) 2020年秋季学期调查结果

(b) 2021年秋季学期调查结果

注：$^*p<0.05$, $^{**}p<0.01$, $^{***}p<0.001$

图 4.3　假设模型的验证结果

对 2020 年秋季学期的调查结果显示，绩效期望 PE($\beta=0.199, p<0.01$)、满意度 SA($\beta=0.598$, $p<0.001$)和内在动机 IM($\beta=0.136$, $p<0.05$)与持续使用意向 CI 呈正相关，占决定系数 R^2 的 78.8%。同样，在 2021 年秋季学期的调查结果中，绩效期望 PE($\beta=0.164$, $p<0.001$)、满意度 SA($\beta=0.677$, $p<0.001$)和内在动机 IM($\beta=0.057, p<0.05$)与持续使用意向 CI 呈正相关，占 R^2 的 76.4%。此外，对于 2020 年秋季学期的调查结果显示绩效期望 PE($\beta=0.233, p<0.01$)、确认度 CO($\beta=$

0.485, $p < 0.001$)和内在动机 IM($\beta = 0.231, p < 0.001$)对满意度 SA 有显著影响，占 79.0%。同样，2021 年秋季学期的调查也显示绩效期望 PE($\beta = 0.363, p < 0.001$)确认度 CO($\beta = 0.483, p < 0.001$)和内在动机 IM($\beta = 0.119, p < 0.001$)对满意度 SA 有显著影响，占 R^2 的 80.1%。2020 年秋季学期调查结果中的确认度 CO($\beta = 0.863, p < 0.001$)和 2021 年秋季学期调查结果中的确认度 CO($\beta = 0.826, p < 0.001$)对绩效期望 PE 均有显著影响，分别占 R^2 的 74.3%和 68.4%。此外，2020 年秋季学期调查结果中的学习自我效能 AS($\beta = 0.771, p < 0.001$)和 2021 年秋季学期调查结果中的学习自我效能 AS($\beta = 0.727, p < 0.001$)对内在动机 IM 均有显著影响，分别占 R^2 的 59.3%和 52.9%。

4.5.3　关键因素间的间接效应和总效应分析

图 4.3 和表 4.4 显示了各因素间的直接和间接影响。绩效期望 PE 和内在动机 IM 不仅对持续使用意向 CI 有直接影响，而且以满意度 SA 作为中介变量，对持续使用意向 CI 有间接影响。虽然从学习自我效能感 AS 到持续使用意向 CI 的直接路径被拒绝，表明学习自我效能感不能直接影响持续使用意向，但以内在动机 IM 及内在动机 IM 和满意度 SA 的组合作为中介，学习自我效能 AS 能间接影响持续使用意向。

表 4.4　混合学习持续使用意向影响因素之间的间接效应和总效应分析

路径		2020 年秋季学期			2021 年秋季学期		
		效应值	路径系数	统计(间接/总体)	效应值	路径系数	统计(间接/总体)
PE->CI				41.3%			40.0%
直接效应	PE->CI		0.199			0.164	
间接效应	PE->SA->CI	0.233 × 0.598=0.140	0.140		0.363 × 0.677=0.246	0.246	
总效应			0.339			0.410	
CO->CI				100%			100%
直接效应							
间接效应	CO->SA->CI	0.485 × 0.598=0.290	0.290		0.483 × 0.677=0.327	0.327	
	CO->PE->CI	0.863 × 0.199=0.172	0.172		0.826 × 0.164=0.135	0.135	
	CO->PE->SA->CI	0.863 × 0.23 × 0.598=0.120	0.120		0.826 × 0.363 × 0.677=0.203	0.203	
总效应			0.582			0.665	
IM->CI				50.4%			58.7%
直接效应	IM->CI		0.136			0.057	

续表

路径		2020 年秋季学期			2021 年秋季学期		
		效应值	路径系数	统计(间接/总体)	效应值	路径系数	统计(间接/总体)
间接效应	IM->S->CI	0.231 × 0.598=0.138	0.138		0.119 × 0.677=0.081	0.081	
总效应			0.274			0.138	
AS->CI				100%			100%
直接效应							
间接效应	AS->IM->CI	0.771 × 0.136=0.178	0.178		0.727 × 0.057=0.041	0.041	
	AS->IM->SA->CI	0.771 × 0.231 × 0.598=0.107	0.107		0.727 × 0.119 × 0.677=0.059	0.059	
总效应			0.285			0.100	
AS->SA				100%			100%
直接效应							
直接效应	AS->IM->SA	0.771 × 0.231=0.105	0.105		0.727 × 0.119=0.087	0.087	
总效应			0.105			0.087	
CO->SA				29.3%			38.3%
直接效应			0.485			0.483	
间接效应	CO->PE->SA	0.863 × 0.233=0.201	0.201		0.826 × 0.363=0.300	0.300	
总效应			0.686			0.783	

此外，确认度 CO 对持续使用意向 CI 没有直接影响，但通过绩效期望 PE 和满意度 SA 及其联合作用有 3 种间接途径影响持续使用意向 CI。内在动机 IM、绩效期望 PE 和确认度 CO 对满意度 SA 有直接影响。内在动机 IM 在学习自我效能 AS 与满意度 SA 之间起中介作用，绩效期望 PE 在确认度 CO 与满意度 SA 之间起中介作用。

4.6 讨论与结论

在 2020 年秋季学期和 2021 年秋季学期的两次调查中，参与者完成了相同的混合学习课程，并作答了相同的问卷。唯一的区别是两次调查样本量和参与者来自的专业有所不同。为验证研究假设是否成立，采用 Smart PLS 分别计算两次调查的结果。结果表明，两次调查对研究假设的支持情况相同。绩效期望、满意度和内在动机这三个关键因素直接影响学习者持续参与混合式学习的意向，学习自我效能感和确认度对混合式学习的持续参与意向有间接影响。

学习者对混合式学习的满意度对其持续学习意向的影响最大，这与其他研究者之前的研究结果一致[17]。学习者对教学质量的主观、综合感受对持续学习意向的影响受到了较多研究者的关注，这其中就包括学习满意度及其影响因素，如计算机自我效能感、系统功能、内容特征、绩效期望、互动和学习氛围等。

在本研究中，绩效期望、内在动机和确认度是影响满意度的主要因素。绩效期望和内在动机能够同时间接和直接地影响混合式学习持续意向，这与之前的研究结果也是一致的[15]。本研究中，绩效期望是指学习者对使用混合式学习方法是否能提高其学习成绩的信念。之前关于“在线学习”和“移动学习”的研究都表明，绩效期望是用户使用基于技术的学习系统的意向的重要决定因素[36-38]。研究还表明，那些认为混合式学习对他们的学习有用的学习者更有可能使用它[39]。因此，教师在学习初期帮助学习者建立积极的混合式学习信念是非常重要的。学习中有效的策略包括让学生通过讲座或了解混合式学习的社会影响来帮助学习者理解混合式学习的潜在优势，向学习者介绍成功的混合式学习经验等。内在动机使学习者能够更深入地参与学习，尤其是在概念知识的学习上有更多的收获，并坚持更长时间[40]。之前的研究表明，内在动机会影响满意度[41]。也有研究表明，混合式学习环境中的学习者比面对面学习环境中的学习者有更高水平的内在动机和更高的满意度[42]。为了提高学习者的内在动机，提高学习满意度和提升持续学习的意向，教师需要设计和实施有效的策略。例如，在提问时，问一些能引起学习者思考的问题来保持他们的注意力，在课堂上展示如何使用课程中所学的知识和技能来解决实际问题，使学习者对本课程学习绩效的期望更加明确，此外，还包括给学习者充足的时间来练习新技能等[43]。

本研究对假设模型的验证结果表明，确认度和学习自我效能感虽然不能直接影响混合式学习持续使用意向，但仍对其有间接影响。确认度是指学习者在经历了一段时间的混合式学习后，亲身体验到混合式学习给他带来的益处，并对预期中的这种效果产生认同。在本研究结果中，确认度通过绩效期望、满意度及其组合对持续使用意向产生积极影响，这与其他研究者的研究结果一致[11]。这表明，学习者对混合学习绩效的期望的能否实现与学习者的满意度呈正相关，并间接影响学习者的持续意向[17]。有趣的是，学习自我效能感并不直接影响持续意向，这一发现与最初的假设不一致，但是，虽然直接影响不存在，学习自我效能感与持续使用意向之间仍然存在间接影响关系。内在动机及内在动机与满意度的结合在学习自我效能感与持续意向之间起部分中介作用。这意味着提高学习者的学习自我效能感有助于增强其内在动机，提高学习者持续使用混合式学习的意向。研究表明，教学方法和学习环境的类型影响学习自我效能感。设计适当具有挑战性的任务，使用特定的教学策略，实施同伴学习，关注学习者的兴趣和选择，加强努力并使用正确的策略，强调学习者在早期的成功体验，以及提供有针对性的、频繁的和具体任务的反馈和引导正确的归因，这些都是提高学习自我效能感的有效方法[44]。

混合式学习是数字化环境下学习的一种。本章的研究将视角放在混合式学习持续使用这一特定行为上，用持续使用的意向来代表持续使用行为。虽然数据仅限于一所大学，且主要关注的是混合式学习的初学者，不一定具有多样性。但研究仍具有较好的参考价值。

参考文献

[1] Bonk C J, Graham C R. The Handbook of Blended Learning: Global Perspectives, Local Designs[M]. San Francisco: Pfeiffer, 2006.

[2] Garrison D R, Kanuka H. Blended learning: uncovering its transformative potential in higher education[J]. The Internet and Higher Education, 2004, 7(2): 95-105.

[3] Baepler P, J.D. W, Driessen M. It's not about seat time: blending, flipping, and efficiency in active learning classrooms[J]. Computers & Education, 2014, 78: 227-236.

[4] Yang H H, Zhu S, MacLeod J. Collaborative teaching approaches: extending current blended learning models[C]. International Conference on Blended Learning, 2016: 49-59.

[5] Johnson L, Becker S A, Cummins M, et al. NMC horizon report: 2016 higher education edition[R]. Austin: The New Media Consortium, 2016.

[6] Johnson L, Becker S A, Estrada V, et al. NMC horizon report: 2015 higher education edition[R]. Austin: The New Media Consortium, 2015.

[7] Nicole J, George V, Jeff S. US faculty and administrators' experiences and approaches in the early weeks of the COVID-19 pandemic[J]. Online Learning, 2020, 24(2): 6-21.

[8] Pelletier K, Brown M, Brooks D C, et al. 2021 Educause horizon report: teaching and learning edition[R]. Boulder: Educause, 2021.

[9] Yang Z K. Promote the Internationalization of higher education by informatization[N]. China Education Daily, 2020-5.

[10] Bhattacherjee A. Understanding information systems continuance: an expectation-confirmation model[J]. MIS Quarterly, 2001, 25(3): 351-370.

[11] Oliver R L. Effect of expectation and disconfirmation on postexposure product evaluations: an alternative interpretation[J]. Journal of Applied Psychology, 1977, 62(4): 480-486.

[12] Oliver R L. A cognitive model of the antecedents and consequences of satisfaction decisions[J]. Journal of Marketing Research, 1980, 17(4): 460-469.

[13] Davis F D. Perceived usefulness, perceived ease of use, and user acceptance of information technology[J]. MIS Quarterly, 1989, 13(3): 319-340.

[14] Daneji A A, Ayub A F M, Khambari M N M. The effects of perceived usefulness, confirmation and satisfaction on continuance intention in using massive open online course (MOOC)[J]. Knowledge Management & E-learning, 2019, 11(2): 201-214.

[15] Zhou J. Exploring the factors affecting learners' continuance intention of MOOCs for online

collaborative learning: an extended ECM perspective[J]. Australasian Journal of Educational Technology, 2017, 33(5): 123-135.

[16] Alshurideh M, Al Kurdi B, Salloum S A. Examining the main mobile learning system drivers' effects: a mix empirical examination of both the expectation-confirmation model (ECM) and the technology acceptance model (TAM)[C]. International Conference on Advanced Intelligent Systems and Informatics, 2019: 406-417.

[17] Cheng Y M. What drives nurses' blended e-learning continuance intention?[J]. Journal of Educational Technology & Society, 2014, 17(4): 203-215.

[18] Sabah N M. Motivation factors and barriers to the continuous use of blended learning approach using Moodle: students' perceptions and individual differences[J]. Behaviour & Information Technology, 2020, 39(8): 875-898.

[19] Roca J C, Gagné M. Understanding e-learning continuance intention in the workplace: a self-determination theory perspective[J]. Computers in Human Behavior, 2008, 24(4): 1585-1604.

[20] Sørebø Ø, Halvari H, Gulli V F, et al. The role of self-determination theory in explaining teachers' motivation to continue to use e-learning technology[J]. Computers & Education, 2009, 53(4): 1177-1187.

[21] Venkatesh V, Morris M G, Davis G B, et al. User acceptance of information technology: toward a unified view[J]. MIS Quarterly, 2003, 27(3): 425-478.

[22] Teo T S, Lim V K, Lai R Y. Intrinsic and extrinsic motivation in internet usage[J]. Omega, 1999, 27(1): 25-37.

[23] Pintrich P R, Smith D A, Garcia T, et al. Reliability and predictive validity of the motivated strategies for learning questionnaire (MSLQ)[J]. Educational and Psychological Measurement, 1993, 53(3): 801-813.

[24] Bandura A. Social Foundations of Thought and Action: A Social Cognitive Theory[M]. Englewood-cliffs: Prentice-Hall, 1986.

[25] Bandura A. Self-efficacy: The Exercise of Control[M]. New York: W H Freeman, 1997.

[26] Schunk D H, Ertmer P A. Self-regulation and Academic Learning: Self-efficacy Enhancing Interventions[M]. San Diego: Academic Press, 2000.

[27] Mathieson K. Predicting user intentions: comparing the technology acceptance model with the theory of planned behavior[J]. Information Systems Research, 1991, 2(3): 173-191.

[28] Bhattacherjee A, Perols J, Sanford C. Information technology continuance: a theoretic extension and empirical test[J]. Journal of Computer Information Systems, 2008, 49(1): 17-26.

[29] Hair J F, Sarstedt M, Hopkins L, et al. Partial least squares structural equation modeling (PLS-SEM): an emerging tool in business research[J]. European Business Review, 2014, 26(2): 106-121.

[30] Hu L T, Bentler P M. Fit indices in covariance structure modeling: sensitivity to underparameterized model misspecification[J]. Psychological Methods, 1998, 3(4): 424-453.

[31] Ice P, Gibson A M, Boston W, et al. An exploration of differences between community of inquiry indicators in low and high disenrollment online courses[J]. Journal of Asynchronous Learning Networks, 2011, 15(2): 44-69.

[32] Wong K K K. Partial least squares structural equation modeling (PLS-SEM) techniques using SmartPLS[J]. Marketing Bulletin, 2013, 24(1): 1-32.

[33] Fornell C, Larcker D F. Evaluating structural equation models with unobservable variables and measurement error[J]. Journal of Marketing Research, 1981, 18(1): 39-50.

[34] Tompson R, Barclay D, Higgins C. The partial least squares approach to causal modeling: personal computer adoption and uses as an illustration[J]. Technology Studies: Special Issue on Research Methodology, 1995, 2(2): 284-324.

[35] Chen P Y, Hwang G J. An empirical examination of the effect of self-regulation and the unified theory of acceptance and use of technology (UTAUT) factors on the online learning behavioural intention of college students[J]. Asia Pacific Journal of Education, 2019, 39(1): 79-95.

[36] Joo Y J, Ham Y K, Jung B K. Analysis of factors influencing continuous usage intention of mobile learning in cyber university[J]. The Journal of the Korea Contents Association, 2014, 14(6): 477-490.

[37] Wang Y S, Wu M C, Wang H Y. Investigating the determinants and age and gender differences in the acceptance of mobile learning[J]. British Journal of Educational Technology, 2009, 40(1): 92-118.

[38] Tselios N, Daskalakis S, Papadopoulou M. Assessing the acceptance of a blended learning university course[J]. Journal of Educational Technology & Society, 2011, 14(2): 224-235.

[39] Vansteenkiste M, Lens W, Deci E L. Intrinsic versus extrinsic goal contents in self-determination theory: another look at the quality of academic motivation[J]. Educational Psychologist, 2006, 41(1): 19-31.

[40] Brown S, Huning T. Intrinsic motivation and job satisfaction: the intervening role of goal orientation[C]. Allied Academies International Conference Academy of Organizational Culture, Communications and Conflict, 2010: 1-5.

[41] Sucaromana U. The effects of blended learning on the intrinsic motivation of Thai EFL students[J]. English Language Teaching, 2013, 6(5): 141-147.

[42] Carman J M. Blended learning design: five key ingredients[J]. Agilant Learning, 2005, 1(11): 1-11.

[43] Margolis H, McCabe P P. Improving self-efficacy and motivation: what to do, what to say[J]. Intervention in School and Clinic, 2006, 41(4): 218-227.

[44] Tayebinik M, Puteh M. Blended Learning or E-learning[C]? International Conference on Advanced Information System, Education & Development (ICAISED 2012), 2012: 103-110.

第二部分　学习行为分析与异常行为检测

第 5 章　教育心理学领域的学习行为研究

对学习行为的分析，不同领域的研究者有各自不同的看法和切入点。教育心理学领域的研究者主要关注“一贯性”的学习行为，多采用调查、观察等研究方法收集数据，从中发现行为规律，目的在于早期干预，降低学习失败的风险，提高学习成绩。

5.1　教育心理学领域早期的学习行为研究

教育心理学领域对学习行为的研究，主要采用设计量表，由教师或家长依据观察到的学习者的客观行为填写，目的是从中发现存在学习问题的学习者，为早期干预提供依据。

早期教育心理学领域的研究将学习风格(learning style)等同于学习行为，Rosenberg 在 1967 年基于学习风格理论设计了 40 个题项的清单，由教师基于观察填写，目的在于帮助教师为学习者提供个性化的教学，满足不同学习者的需求[1]。Rosenberg 将学习风格归为 4 类，分别是刻板-抑制(rigid-inhibited)，无纪律(undisciplined)，接受-焦虑(acceptance-anxious)和创造性(creative)。其中，刻板-抑制和无纪律两种学习风格与低水平的学习成绩相关。

真正意义上的第一份学习行为量表名为“课堂行为评定量表”(classroom behavior rating scale, CBRS)。该量表由 DeSetto 和 Bentley 于 1977 年提出，包含 100 个题项，由家长和教师填写。该量表测量儿童学习者的课堂学习行为(classroom behavior)，如记忆力(memory)、注意力(attention)和控制力(inhibitory control)等。Reynolds 在 1979 年通过主成分分析改编了 CBRS，将其缩减为 40 个题项[2]。

在此之后，1982 年 Stott，Green 和 Francis 开发了儿童学习技能量表(child's learning skills, GCLS)。该量表也是一个教师评定的量表，采用 3 度李克特量表。教师根据 14 种错误的学习行为，对学习者的不足进行评分。评价的维度包括注意力、自信心、参与度、独立性、灵活性、警觉性。他们在 1983 年研究通过 GCLS 表现的学习行为与学习成绩之间的关系时，发现学习行为在预测学生的学习成绩方面与智力测验的得分同等重要，且其中贡献最大的维度是警觉性和注意力的质量[3]。

上述早期的学习行为量表代表了教育心理学领域对学习行为研究的有益探

索，但上述量表普遍存在心理属性较差，自陈性较弱，缺乏大规模样本的支撑和验证等问题。迫切需要一种新的测量工具，能具备强大的心理测量属性，由客观、可观察和可测量的行为组成，以便有效地为学习干预提供信息。基于此，1999 年，宾夕法尼亚大学的 Paul McDermott 开发了学习行为量表(learning behavior scale，LBS)[4]，用于儿童和青少年学习行为的测量，目的是早期发现有学习障碍的儿童，从而尽早实施干预。

5.2 以课堂观察方式研究学习行为

以课堂观察的方式研究学习行为，观察者多为教师，被观察对象多为学龄或学龄前儿童学习者。教育心理学领域常用的以课堂观察方式研究学习行为的工具包括学习行为量表 LBS、学前学习行为量表(preschool learning behavior scale，PLBS)和学会学习量表(learning-to-learn scales，LTLS)等。

5.2.1 学习行为量表 LBS

LBS 量表的研制从 20 世纪 80 年代中期开始，历经多次修改，正式发表于 1999 年。LBS 的研究对象是 5～17 岁的学龄儿童，针对学龄前儿童，McDermott 团队研制了学前学习行为量表 PLBS。该团队与美国卫生和公共服务部合作，以 LBS、PLBS 为测量工具，在美国全国范围内依据 1992 年人口普查数据，进行了大规模的国家样本测量，验证了 LBS 和 PLBS 量表的有效性并明确了学习行为与学习成绩的相关性。

LBS 和 PLBS 在美国本土之外的特尼达和多巴哥、加拿大、中国等地进行了调整和测量，排除文化差异的影响，在对学习成绩的预测方面具有一致的效应。

(1) LBS 量表的题项和信效度

LBS 量表有 29 个题项，每个题项呈现一种与学习相关的行为。采用 3 度李克特量表，三个陈述选项分别指示某学习行为是“经常出现”“偶尔出现”或是“不出现”。在 LBS1999 年的版本中，29 个题项分属四个子维度：能力动机(competence motivation)、学习态度(attitude toward learning)、注意力/坚持(attention/ persistence)、策略/灵活性(strategy/flexibility)。

对 LBS 效度的分析如表 5.1 所示，来源于 2012 年的数据采集分析结果[5]。在这次数据采集中，题项仍为 29 项，其中 23 个为反向问题，采集的规范与 1999 年相同。经过因子分析，四个维度的划分与 1999 年的版本略有区别，如表 5.1 所示。

表 5.1　LBS 量表 1999 版与 2012 版对比及 2012 版的信度

1999 年维度	2012 年维度	信度α
能力动机(competence motivation)	能力动机(competence motivation)	0.85
注意力/坚持(attention/persistence)	纪律/坚持(discipline/persistence)	0.84
学习态度(attitude toward learning)	合作(cooperation)	0.85
策略/灵活性(strategy/flexibility)	情绪控制(emotional control)	0.75
总体		0.82

总体信度在不同人群的调查结果中存在细微差异，如对 5～11 岁的儿童α= 0.82，对 12～17 岁青少年α= 0.83，男性α=0.83，女性α= 0.79，白人α= 0.82，西班牙裔α= 0.82，亚裔α= 0.81，非白人族裔α= 0.82。稳定系数均值M= 0.92，范围在 0.91～0.93 之间。观察者组内相关系数(intraclass correlation coefficient，ICC)的均值M= 0.82，范围在 0.68～0.88 之间，其中$p < 0.0001$。因此，LBS 中观察者对观察结果没有影响，观察结果依赖于学习者的行为特征而不是观察者。

对同一批 900 名学龄儿童进行的连续两年的跟踪数据探索性因子分析显示，LBS 的四因子的结构拟合指标 CFI = 0.98，RMSEA = 0.059，高于可接受标准，题项对因子的解释度较好。数据分析结果也证实了 LBS 与未来的学习成绩的相关性及 LBS 对降低未来行为失调问题和学习成绩不佳风险的作用，这说明 LBS 的维度具有较好的内部一致性和外部效度。尽管关于效度的分析是针对某一特定样本和特定研究的，但仍可被用作评估或者实验研究的结果指标，并可估计未来的学习成绩和结果倾向。LBS 得分对教师有指导作用，能够指示哪些孩子需要额外的支持和指导。

(2) LBS 量表的特点

从 LBS 的应用来看，它是为 5～17 岁人群设计的。研究已证实，正向的学习行为是可以被教授的，并能直接影响学习成绩，LBS 评分对日后的学习成绩和可能的行为失调有预测作用，通过对学习行为的观察筛查出存在学习障碍的学生，并通过干预可以降低学习成绩不佳和行为失调的比例。LBS 能够克服年龄、性别、种族、社会阶层、家庭与社区结构的差异，规范化评估儿童及青少年的学习行为。尽管如此，LBS 量表还是存在跨文化敏感性，这与其他衡量学习行为的量表类似。

LBS 量表和对课堂行为评估的其他量表一样，主要依赖观察者或评估者的能力[5]。观察者必须是课堂环境中自然而持续的参与者，并且能区分儿童的行为恒定性和变异性[6]。LBS 和 PLBS 都是教师角度的量表，观察者是教师。教师需要至少对学习者进行 1 个月(有些研究要求 2 个月的观察期)或 6 个教学周的观察，每个教师评价的学生不超过 2 人，以确保对学生足够熟悉，尽可能准确打分。教师完成每份量表需要 5～10 分钟。在观察充分的前提下，教师对课堂行为的观察是相对准确、可靠、不引人注意且成本低的。

LBS 得分是广泛的心理教育评估的一部分，分数越高表示存在更多正常的学习行为。获得等于或高于 40%的分数的学生表现出等于或高于平均水平的学习行为，即学习行为正常。得分在 20%到 40%之间的学生可能会受益于旨在提高学习行为的干预措施。分数低于 20%的学生表现出学习行为的缺陷，并可能从直接干预中受益。

LBS 被大量研究证实有效，但教师的观察在数字化学习环境中难以实现，需要用与教师观察视角相同或类似的计算机可采集指标来代替。

5.2.2 学前学习行为量表 PLBS

LBS 量表在 2000 年发布了学前版本 PLBS[4]，与 LBS 针对 5～7 岁学龄儿童不同，学前版本的调查对象是 3～5.5 岁的学龄前儿童。推出 PLBS 是因为研究表明学龄前学习行为具有同样的可观察性，并在未来的学业技能发展中起着重要作用。并且有研究者认为学龄前儿童的学习行为更具有形成性和可塑性，因此对于干预和预防至关重要。

PLBS 与 LBS 的不同之处在于，LBS 针对的是更正式的学习，而学龄前儿童的学习多发生于非正式学习场合，学术性的学习要求减少或根本没有，因此需要专门针对这样的学习场合来设计 3～5.5 岁儿童的学前学习行为量表 PLBS。2002 年，PLBS 正式被作为美国国家标准提出。2008 年美国国家科学研究委员会(National Research Council)将 PLBS 确定为一种广泛实施的、可靠的对儿童早期学习做出有效决策的衡量标准。

PLBS 和 LBS 一样，也是 29 个题项，3 度李克特量表，教师的观察同样不少于 2 个月，也是正向和反向问题交替。只不过在量表问题的描述上没有 LBS 那么正式，内容侧重于注意力、对新颖事物和纠正的反应、观察到的问题解决策略、灵活性、反思性、主动性、自我指导和合作学习。PLBS 经因子分析后产生的 4 因子结构，第四维度“策略/灵活性”在儿童性别和种族方面没有保持足够的内部一致性，该因素在随后的分析中被删除，只剩下 3 个因子。所以与 LBS 相比，PLBS 量表是三维度结构，分别是能力动机、学习态度、注意力/坚持。

PLBS 维度在年龄、性别、种族、家长教育水平上的所有同余系数大于 0.95，即上述人口群体划分对因子提取无影响，且未检测到观察者一致性差异，表明评分与观察者无关。

2012 年，McDemott 在美国学前早教 Head Start 项目样本中对 PLBS 的维度和外部效度进行了验证。证明了 PLBS 在分析框架下保持了可靠的外部有效结构，并根据在新的数据集上因子分析的结果将 PLBS 的三个维度修正为能力动机、学习态度和策略动机[5]。

5.2.3　学会学习量表 LTLS

LBS 和 PLBS 一直作为评估儿童学习行为的经典量表，但他们并不支持各种不同的学习行为类型，也不能充分衡量学习者随时间增长的变化。为解决上述问题，2011 年研究者开发了学会学习量表 LTLS[7]。LTLS 是衡量学龄前儿童学习行为的工具。与 LBS 和 PLBS 类似，LTLS 旨在衡量学习行为，但具有更强的心理测量属性，因此提高了对敏感增长的预测及区分更多类型的学习行为的能力，能够更准确地为干预策略提供信息。可以将 LTLS 看作是对包括 LBS 和 PLBS 在内的先前量表的扩展和细化。

LTLS 量表包括 48～55 个题项，按类别排列。依然采用 3 度李克特量表，由教师根据一个月的观察填写。3 度的衡量标准分别是：接受(applies)、部分接受(sometimes applies)和拒绝接受(consistently applies)。LTLS 包含 7 个维度，分别是策略计划(strategic planning，SP)——能够制定多阶段的活动计划，有效性动机(effectiveness motivation，EM)——即使有干扰也要坚持挑战任务，学习中的人际响应(interpersonal responsiveness in learning，IRL)——接受并遵循教师的建议，学习中的语言投入(vocal engagement in learning，VEL)——愿意提问并分享自己的想法，学习中持续的注意力(sustained focus in learning，SFL)——在小组活动中能保持大于 10 分钟的注意力不分心，对新事物的接纳(acceptance of novelty，AN)——对新任务或新活动表现出积极的态度和信心，以及小组学习(group learning，GL)——屏蔽噪音和分心。其中 48 个题项在因子分析中可归为上述 7 个维度，另有 7 项不属于任何一个或从属于多个维度，将其归纳为一般学习行为(general learning behavior, GLB)。实际应用中，48 题项和 55 题项的量表均有使用。研究表明，与 PLBS 类比，PLBS 只提供 3 个维度，而 LTLS 则提供 7 个维度，且其中 4 种表现出对未来认知能力的干预性，诊断更加精确，对不同学年变化的敏感性比其之前的量表更灵敏，可以对不同的学习行为进行更准确的描述以便制定更有效的干预策略。

5.3　在学习过程中研究学习行为

学习过程是学习者在获取知识时采取的一系列步骤，包含学习中的重点活动和采用的方式。学习过程上接学习前提，下接学习结果，是学习行为发生的主要阶段。学习过程问卷常用于测量学习发生过程中的动机、策略与前提条件和学习结果间的关系。在数字化学习环境中，学习者的自我调节行为同样主要发生在学习过程阶段。

5.3.1　学习过程问卷 SPQ

学习过程问卷(study process questionnaire，SPQ)由澳大利亚研究者比格斯于1978 年设计。学习过程问卷主要用以测量大学生的学习取向，但后来也被应用到初高中及儿童被试中。最初的问卷包括 10 个一阶因素，9 个二阶因素和 2 个三阶因素，共 80 个题项。1987 年，SPQ 问卷修订并正式发布，修订后的 SPQ 问卷包含 42 个题项，问卷测量的 6 个维度分别是：表层动机(surface motive，SM)、表层策略(surface strategy，SS)、深层动机(deep motive，DM)、深层策略(deep strategy，DS)、成就动机(achieving motive，AM)、成就策略(achieving strategy，AS)。其中，动机与策略合并为学习取向。表层动机是指学习者为了应付检查和考试及格而进行学习的动机，相应的学习策略是采取应付性、消极被动的学习方法；深层动机是指对所学内容有内在兴趣，为弄懂和掌握知识而进行学习的动机，相应的学习策略是采取钻研性、探索性、积极主动的学习方法；成就动机是指为了获得高分和得到称赞而进行学习的动机，相应的学习行为受外界影响较大(如教师、家长的表扬、称赞等)。SPQ 的信度如表 5.2 所示。

表 5.2　SPQ 问卷信度

1999 年维度		信度 α
表层	动机	0.51～0.60
	策略	0.62～0.69
	取向	0.68～0.75
深层	动机	0.63～0.67
	策略	0.65～0.75
	取向	0.76～0.81
成就	动机	0.70～0.72
	策略	0.73～0.77
	取向	0.77～0.78

大量研究结果证明了 SPQ 具有良好的结构效度，例如，深层和成就取向较高的学习者更倾向于继续学习，而表层取向较高的学生则在完成第一轮学习后就倾向于离开。随着年龄的增长和学习经验的提升，取向也会随之提升[8]。对 SPQ 与学习成绩间的相关性及两者与学习行为间的相关性的研究结果表明，仅表层动机与学习成绩弱正相关，如果以学习成绩作为衡量学生学习效果的因素，显然很难直接建立起学习动机与学习成绩的关联，但学习行为与学习成绩具有较强的相关性。同时，表层动机、成就动机均与学习行为具有较强的相关性，即表层和成就

动机以学习行为为中介，对学习成绩的解释度大大提高。学习行为可以在此过程中发挥作用，作为动机与学习成绩之间很好的中介[9]。尤其是自我监控学习行为，与表层学习动机呈现显著负相关，与深层型学习动机呈现显著正相关，与成就型学习动机无明显相关；与成功归因正相关，与失败归因的关系不大；与自我效能感正相关，自我效能感越高，则自我监控学习行为的水平越高。因此，学习行为作为可观测、可测量的变量，与学习动机和策略相关、与学习成绩相关，成为学习取向与学习成绩之间的桥梁。

比格斯在对 SPQ 改版的同时，提出了 3P 学习模型，如图 5.1 所示[10]。3P 模型是一种以学习为中心的评价模型，该模型认为学习的前提、过程、结果之间均存在双向影响。同时 3P 模型也揭示了学习过程与前提和结果之间的关系。对前提的研究表明，影响学习者深层学习动机的因素主要有两类：一是学习者对教师创设的教学情境的感知，二是学习者先前具有的学习观念、知识观念和学习基础。两者相比较，前者的影响更大、更显著。学习动机决定学习策略的使用，不同的动机和策略对学习成绩产生不同的影响。Deng 以比格斯 3P 学习模型为基础，设计了 MOOC 环境下教与学的 3P 模型。在该模型中，原 3P 模型中的过程具体化为学习投入[11]。Jung 等在对 MOOC 学习行为投入的研究中发现学习投入显著影响学习结果，学习行为投入作为学习投入的子维度同样对学习结果有正向影响[12]。

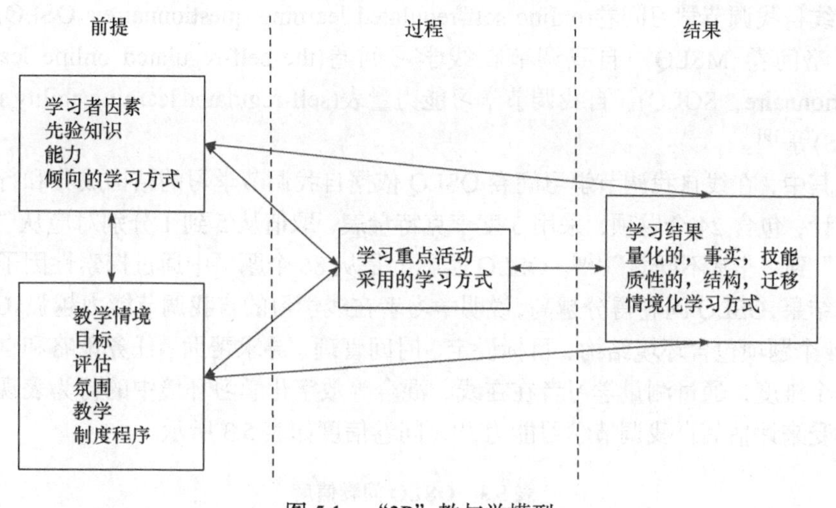

图 5.1　“3P”教与学模型

5.3.2　自我调节学习问卷

在教育心理学领域，班杜拉是较早研究人类自我调节的代表人物，他认为个体行为的变化不能简单地用行为主义的刺激和反应的联结来解释，而应该关注自我调节的过程。美国教育心理学家 Zimmerman 在社会学习理论基础上将自我调节的概念引入教育领域，提出自我调节学习的概念[13]。自我调节学习是指学习者积极激励自己并且积极使用适当的学习策略指导和调节自己的学习行为以实现学习目的。自我调节学习强调学习者在学习中对认知、动机、情感等要素的调节过程，涵盖了学习者在学习过程中的诸多心理和行为因素[14]。

数字化学习环境中，学习者的学习心理和学习行为都与传统学习有着本质区别，其学习过程突出表现为自我驱动和自我调节的特点。师生分离、高技术的环境，学习资源的丰富性和可获得性，学习形式的开放性，学习活动的自主性、社会性和弱控性等特征[15]与自我调节学习的特征和要求高度一致，因此自我调节学习是在数字化环境下成功学习的关键要素，对学习者后续的学习产生持续、稳定、内在的影响[16]。

自我调节学习一般被解释为循环的过程，通常包括计划与激活、监控、控制、反应与反思四个阶段，每一阶段又包含认知、动机与情感、行为、情境等多个调节领域[17]。

自我调节学习不仅可以看作一种动态的学习过程或学习活动，也可以视为一种相对稳定的学习能力[18]。因此对自我调节学习的测量方法有量表、出声思维、录像分析和访谈、学习行为分析等多种方法，其中量表测量是应用最广泛的方法之一。该方法将自我调节作为学习者的一种个体特征和能力，常用的测量工具包括在线自我调节学习问卷(online self-regulated learning questionnaire，OSLQ)、动机策略问卷 MSLQ、自我调节在线学习问卷(the self-regulated online learning questionnaire，SOLQ)、自我调节学习能力量表(self-regulated learning ability scale，SLAS)等[19]。

其中，在线自我调节学习问卷 OSLQ 依据自我调节学习的结构成分和行为要素设计，包含 24 个题项，采用 5 度李克特量表，取值从 5 到 1 分别对应从“非常同意”到“非常不同意”[20]。OSLQ 实际上是从 86 个题项中通过探索性因子分析得到结果，OSLQ 问卷得分越高，说明学习者在线学习的自我调节能力越强。OSLQ 的 24 个题项包含环境结构、目标设定、时间管理、寻求帮助、任务策略和自我评估 6 个维度，通过测量学习者在在线、混合等数字化学习环境中的行为表现和心理感受来评估其自我调节学习能力[21]，问卷信度如表 5.3 所示。

表 5.3 OSLQ 问卷信度

维度	信度 α
环境结构(environment structuring)	0.90
目标设定(goal setting)	0.86
时间管理(time management)	0.78
寻求帮助(help seeking)	0.69

续表

维度	信度α
任务策略(task strategies)	0.67
自我评估(self evalution)	0.78
总体	0.90

研究证实，在线自我调节学习行为能够积极调节学习者对在线课程交流和协作的看法与学习成绩之间的关系。在线自我调节学习行为本身与学习成绩之间有一定关联，但并不突出，不过自我调节学习行为在学习者对在线课程的交流和协作与学习成绩之间起到了中介作用并占了很大比例。换言之，在线自我调节学习行为确实在对在线课程的认知与学习成绩之间起到了关键性的中介作用。随着在线自我调节学习行为的增加，在线课程交流的感知与学习成绩之间的关系也随之加强[22]。

5.4　从学习投入视角研究学习行为

学习行为投入(learning behavior engagement)是学习者在学习活动中的行为表现，体现了学习者在课程学习中的努力、坚持和专注程度[23-25]，与课程的满意度、完成度关联，是影响学习成绩的重要因素[26]。很多实证研究认为学习投入是一个涉及行为、认知和情感的多维构念[27, 28]。行为是认知和情感的外在表现，行为对认知和情感产生影响，高水平的认知和情感投入产生深度的行为投入，三者相互影响、相互促进[29]。对于学习投入的维度划分目前并没有统一的意见，但大多数研究者将其划分为二维度至四维度，绝大多数划分中都包含行为投入维度。行为投入是学习投入中最便于观察和测量的维度，早期对学习投入的研究主要关注学习者单一的外显行为，后来才逐步发展为认为学习投入是一个包括行为、认知和情感在内的多维度概念[30]。

对学习行为投入的评测通常包含在学习投入评测中，常用的方法包括自我报告法、经验抽样法、教师打分法、访谈法和观察法等[31]。使用率较高的学习投入量表包括全美学生投入调查(national survey of student engagement，NSSE)[32]，Utrecht 工作投入量表学生版(the Utrecht work engagement scale-student，UWES-S)[33]，以及测量数字化环境下学习投入的量表——在线学习投入量表(online student engagement scale，OSE)等[34]。

5.4.1　学生投入调查 NSSE

全美学生投入调查 NSSE 是由印第安纳大学教育中心主持的一项研究和评估高等教育质量的调查，主要用于衡量加拿大和美国的四年制大学和学院学习者的学习投入水平。该项调查的对象是大学一年级和四年级学生，通过对大学生活起点和终点两个阶段的学习者群体进行调查，尽可能获得差异化的经验信息，调查结果可帮助管理人员和教师评估大学学习者的学习投入度。这项调查始于 2000 年，在 2013 年进行了大幅修订，修订后的版本也被称为 NSSE2.0。自 2000 年以来，近 1700 所高校和 650 万学习者使用 NSSE 和 NSSE2.0 完成了调查。

2013 版的 NSSE2.0 可测量 10 个学生投入度指标，包括：高阶学习、反思性/综合性学习、学习策略、定量推理、合作学习、多元化交流、师生互动、有效的教学实践、互动质量和支持性环境。这些指标被分为 4 个一般性主题，分别是学术挑战、同伴学习、师生共同经验和校园环境。与 2000 版相比，2013 版的 NSSE2.0 问卷精简了主题且指标项更明确，两版 NSSE 评价指标体系对比如表 5.4 所示。其中同伴学习、师生共同经验两个主题主要关注学习者的行为投入，含合作学习、交流、互动、实践等行为。由于非常重视学生的行为，NSSE 与其他关注大学生价值观和态度或对大学经历的满意度的调查明显不同。NSSE 对行为的关注既具体又可操作，当结果达不到预期时，行为测量会建议干预途径。

表 5.4　2000 版与 2013 版 NSSE 评价指标体系对比

2000 版	2013 版	
主题	主题	指标
学术挑战水平 (level of academic challenge)	学术挑战 (academic challenge)	高阶学习 (higher-order learning) 反思性和综合性学习 (reflective & integrative learning) 学习策略 (learning strategies) 定量推理 (quantitative reasoning)
主动协作学习 (active and collaborative leaning)	同伴学习 (learning with peers)	合作学习 (collaborative learning) 多元化交流 (discussions with diverse others)
师生互动 (student-faculty interaction)	师生共同经验 (experiences with faculty)	师生互动 (student-faculty interaction) 有效的教学实践 (effective teaching practices)

续表

2000 版	2013 版	
主题	主题	指标
支持性校园环境 (supportive campus environment)	校园环境 (campus environment)	互动质量 (quality of interactions) 支持性环境 (supportive environment)
丰富的教育经历 (enriching educational experiences)		

除针对学习者的调查外，NSSE 还提供针对教师的调查问卷“教师视角下的学生投入度调查”(faculty survey of student engagement，FSSE)和针对大学新生的投入度调查(beginning college survey of student engagement，BCSSE)，从不同的视角构成了学习投入系统的完整评估体系。2007 年，清华大学引进 NSSE 项目，并联合开发了针对中国大学生的学习投入调查项目 NSSE-China。

5.4.2 乌勒支学习投入量表 UWES-S

乌勒支学习投入量表 UWES-S 是 Schaufeli 等在乌勒支工作投入量表(the Utrecht work engagement scale，UWES)的基础上编制而成。将学习投入归为活力(vigor)、奉献(dedication)和专注(absorption)3 个维度，分别包含 6 项、5 项和 6 项共 17 题。2006 年，Schaufeli 提出 UWES-S 的简化版，即 9 题项的学习投入量表 UWES-9S，3 个测量维度不变，每个维度的题项精简为 3 项，研究证实精简版的 UWES-9S 去掉了一些载荷较低的因子，因此拟合度更好。完整版和简化版的乌勒支学习投入量表均为 7 度李克特量表，0～6 分别表示“从不”到“经常”。量表信度如表 5.5 所示[35]。

表 5.5　标准版和精简版的乌勒支工作投入量表和乌勒支学习投入量表信度

	UWES-17 信度α	UWES-9 信度α	UWES-17S 信度α	UWES-9S 信度α
活力	0.82	0.76	0.63	0.73
奉献	0.89	0.87	0.81	0.76
专注	0.83	0.79	0.72	0.70

5.4.3 在线学习投入量表 OSE

在线环境中，学习者的学习行为难以被观察，而时空分离的学习方式又使得学习者的学习处于独立状态，测量其学习投入在学习绩效监测中尤为重要。在线学习投入量表OSE是Dixson于2010年开发的用于测量学习者在线学习投入的量表。该量表在课堂学生投入调查(classroom survey of student engagement，CLASSE)[36]和学生课堂投入问卷(student course engagement questionnaire，SCEQ)[37]的基础上开发。OSE 借鉴了 SCEQ 的维度划分方式，将学习投入分为技能投入(skills engagement)、参与/互动投入(participation/interaction engagement)、情感投入(emotional engagement)和绩效投入(performance engagement)。分别从学习者做什么、与他人互动、对课程/内容的感受、在课程中取得成功的愿望和目标四个方面测量其学习投入。

结合建构主义学习理论，探究社区模型和传统课堂投入的概念和测量方式，在线学习投入量表将学习投入表述为：学习投入包括学习者使用时间和精力来学习知识和技能，与其他学习者开展有意义的学习、互动，并且至少在某种程度上对他们的学习产生情感上的投入。学习投入包括个人的态度、思想和行为及与他人的交互。设计在线学习投入量表的目的是衡量学习者的行为(包括行动和思维过程)、对学习的感受，以及他们与学习内容，教师和其他学习者在技能、参与、绩效和情感方面的联结。

OSE 采用 5 度李克特量表，4 个维度共 19 个题项，问卷信度 α 值为 0.91，KMO 和 Bartlett 检验的结果显示该量表具有良好的效度[38]。

Dixson 认为，学习者的行为投入一方面可以用量表测量，另一方面同样需要观察，因此他建议将在线学习投入量表与学习管理平台跟踪的实际在线学习行为关联起来。学习管理平台追踪的行为包括阅读帖子、阅读/查看内容(阅读发布的文档或电子邮件、查看链接或视频等)、撰写帖子或电子邮件及参加测试等。上述学习行为可以分为两种类型：观察(或接受内容)和应用(或产生/演示学习)。研究人员假设，在大多数情况下，学生在应用所学知识完成做测试、回复论坛帖子等行为操作之前需要进行观察(例如，听课以便他们能够理解和应用所学的知识；阅读帖子以便他们能够考虑和回应发布的材料)。因此，将学习管理系统提供的在线行为分为观察性学习行为和应用性学习行为，研究假设在线学习行为量表测量的学习投入与这两类学习行为显著相关。为验证研究假设，Dixson 对美国一所中西部大学 Blackboard 学习管理平台上 34 名学生在 5 门本科传播学课程中的客观行为数据与在线学习行为量表测量结果进行了关联分析。结果表明只有应用性学习行为与量表所测量的学习投入显著正相关，但观察性学习行为与应用性学习行为显著正相关，说明观察性学习行为是学习投入的必要因素但不是充分因素，另一方面也说明表层的行为，如阅读资料、收发邮件等并不能说明学习者投入到课程学习中，只有在论坛发帖、回复课程邮件等其他应用性学习行为的跟进才是学习者投入的有力证据，这一研究结论符合建构主义关于学习的观点[34]。

通过建立学习管理平台追踪的客观学习数据与在线学习投入量表测量结果之

间的关联，证明了学习者的自我报告结果与通过学习管理平台追踪的可观察、可自动采集的客观学习行为数据相关。这一结果一方面用行为的客观数据验证了量表在测量学习投入方面的有效性，另一方面也将客观学习行为数据与自我报告数据之间建立了联系，为从多种数据来源研究学习行为奠定了基础。

参 考 文 献

[1] Rosenberg M B. Diagnostic Teaching[M]. Seattle: Special Child Publications, 1967.

[2] Reynolds W M. Psychological tests: clinical usage versus psychometric quality[J]. Professional Psychology, 1979, 10(3): 324-329.

[3] Stott D H, Green L F, Francis J M. Learning style and school attainment[J]. Human Learning: Journal of Practical Research & Applications, 1983, (2): 61-75.

[4] McDermott P A. National scales of differential learning behaviors among American children and adolescents[J]. School Psychology Review, 1999, 28(2): 280-291.

[5] Rikoon S H, McDermott P A, Fantuzzo J W. Approaches to learning among head start alumni: structure and validity of the learning behaviors scale[J]. School Psychology Review, 2012, 41(3): 272-294.

[6] Durbrow E H, Schaefer B A, Jimerson S R. Learning behaviours, attention and anxiety in Caribbean children: beyond the'usual suspects' in explaining academic performance[J]. School Psychology International, 2000, 21(3): 242-251.

[7] McDermott P A, Fantuzzo J W, Warley H P, et al. Multidimensionality of teachers' graded responses for preschoolers' stylistic learning behavior: The learning-to-learn scales[J]. Educational and Psychological Measurement, 2011, 71(1): 148-169.

[8] Biggs J B. Study Process Questionnaire Manual. Student Approaches to Learning and Studying[M]. Hawthorn: Australia Council for Educational Research, 1987.

[9] Choy J L F, O'Grady G, Rotgans J I. Is the study process questionnaire (SPQ) a good predictor of academic achievement? Examining the mediating role of achievement-related classroom behaviours[J]. Instructional Science, 2012, 40(1): 159-172.

[10] Biggs J, Tang C. Teaching for Quality Learning at University[M]. New York: McGraw-hill Education, 2011.

[11] Deng R, Benckendorff P, Gannaway D. Progress and new directions for teaching and learning in MOOCs[J]. Computers and Education, 2018, 129: 48-60.

[12] Jung Y, Lee J. Learning engagement and persistence in massive open online courses (MOOCS)[J]. Computers & Education, 2018, 122: 9-22.

[13] Zimmerman B J. A social cognitive view of self-regulated academic learning[J]. Journal of Educational Psychology, 1989, 81(3): 329-339.

[14] Ormrod J E. Human Learning: Principles, Theories, and Educational Applications[M]. Columbus: Merrill Publishing, 1990.

[15] 衷克定. 在线学习与发展[M]. 北京: 高等教育出版社, 2011.

[16] You J W, Kang M. The role of academic emotions in the relationship between perceived academic

control and self-regulated learning in online learning[J]. Computers & Education, 2014, 77: 125-133.

[17] Pintrich P R. The role of goal orientation in self-regulated learning//Boekaerts M, Pintrich P R, Zeidner M. Handbook of Self-regulation[M]. Cambridge: Academic Press, 2000: 451-502.

[18] Zimmerman B J. Attaining self-regulation: a social cognitive perspective//Boekaerts M, Pintrich P R, Zeidner M. Handbook of Self-regulation[M]. Cambridge: Academic Press, 2000: 13-41.

[19] 刘斌. 教学互动对大学生在线自我调节学习的影响及干预研究[D]. 西安: 陕西师范大学, 2018.

[20] Lan W, Bremer R, Stevens T, et al. Self-regulated learning in the online environment[C]. Annual Meeting American Educational Research Association, 2014.

[21] Barnard L, Lan W Y, To Y M, et al. Measuring self-regulation in online and blended learning environments[J]. The Internet and Higher Education, 2009, 12(1): 1-6.

[22] Barnard L, Paton V, Lan W. Online self-regulatory learning behaviors as a mediator in the relationship between online course perceptions with achievement[J]. International Review of Research in Open and Distributed Learning, 2008, 9(2): 1-11.

[23] Skinner E A, Belmont M J. Motivation in the classroom: reciprocal effects of teacher behavior and student engagement across the school year[J]. Journal of Educational Psychology, 1993, 85(4): 571-581.

[24] Skinner E A, Kindermann T A, Furrer C J. A motivational perspective on engagement and disaffection: conceptualization and assessment of children's behavioral and emotional participation in academic activities in the classroom[J]. Educational and Psychological Measurement, 2009, 69(3): 493-525.

[25] Furrer C, Skinner E. Sense of relatedness as a factor in children's academic engagement and performance[J]. Journal of Educational Psychology, 2003, 95(1): 148-162.

[26] 武法提, 张琪. 学习行为投入:定义、分析框架与理论模型[J]. 中国电化教育, 2018, (1): 35-41.

[27] Fredricks J A, Blumenfeld P C, Paris A H. School engagement: potential of the concept, state of the evidence[J]. Review of Educational Research, 2004, 74(1): 59-109.

[28] Kuh G D, Kinzie J L, Buckley J A, et al. What Matters to Student Success: A Review of the Literature[M]. Washington, DC: National Postsecondary Education Cooperative, 2006.

[29] 李银玲, 张超. 教师远程培训中在线参与度的分析与计算[J]. 中国远程教育, 2008, (2): 60-64, 80.

[30] 王文. 中国大学生学习投入的内涵变化和测量改进——来自“中国大学生学习与发展追踪调查”(CCSS)的探索[J]. 中国高教研究, 2018, (12): 39-45.

[31] Fredricks J A, McColskey W. The measurement of student engagement: a comparative analysis of various methods and student self-report instruments//Christenson S L, Reschly A L, Wylie C. Handbook of Research on Student Engagement[M]. New York: Springer, 2012: 763-782.

[32] 罗燕, 海蒂 · 罗斯, 岑逾豪. 国际比较视野中的高等教育测量——NSSE-China 工具的开发: 文化适应与信度、效度报告[J]. 复旦教育论坛, 2009, 7(5): 12-18.

[33] Carmona-Halty M A, Schaufeli W B, Salanova M. The utrecht work engagement scale for

students (UWES–9S): factorial validity, reliability, and measurement invariance in a Chilean sample of undergraduate university students[J]. Frontiers in Psychology, 2019, 10: 1-5.

[34] Dixson M D. Measuring student engagement in the online course: the online student engagement scale (OSE)[J]. Online Learning, 2015, 19(4): 143-157.

[35] Schaufeli W B, Bakker A B. Utrecht work engagement scale: preliminary manual[J]. Occupational Health Psychology Unit, 2003, 26(1): 64-100.

[36] Smallwood B. Classroom survey of student engagement[EB/OL]. www.unf.edu/acadaffairs/assessment/classe/overview.htm[2023-2-8].

[37] Handelsman M M, Briggs W L, Sullivan N, et al. A measure of college student course engagement[J]. The Journal of Educational Research, 2005, 98(3): 184-192.

[38] Dixson M D. Creating effective student engagement in online courses: what do students find engaging?[J]. Journal of the Scholarship of Teaching and Learning, 2010, 10(2): 1-13.

第 6 章　学习分析与学习行为

学习分析(learning analytics，LA)是为了理解和优化学习与学习环境，而对学习者及其相关学习数据进行的测量、收集、分析和报告[1]，该定义来自 2011 年第一届学习分析与知识国际会议(International Conference on Learning Analytics & Knowledge，LAK)。作为融合教育学、计算机科学等多学科的新研究领域，学习分析将实证研究与大数据分析、人工智能等技术结合，为学习行为研究开辟了新思路。

6.1　学习分析技术概述

自 20 世纪 90 年代以来，随着数字化学习环境的飞速发展，学习数据的可获取性增强，当学习者使用学习管理系统、社交媒体或类似的在线工具时，他们的点击次数、导航模式、完成任务的时间、社交网络、信息流等数据在计算机的帮助下可以较容易地获取和追踪，为研究人员评估数字化环境中的教学和学习提供了充足的数据[2]，客观上促进了学习分析技术的发展。2011 年，新媒体联盟在其发布的《地平线报告：高等教育版》中首次将学习分析作为未来影响教育发展的六大技术之一[3]，并且在之后的 2012 年、2013 年、2014 年、2016 年、2018 年、2019 年、2021 年和 2022 年共八年的报告中反复将学习分析技术列为影响未来高等教育教学的关键技术。目前，学习分析已经成为一个相对独立的学术研究方向，涉及教育(如教育研究、学习和评估科学、教育技术学)和数据分析(如统计、可视化、计算机科学、数据科学、人工智能)两大研究领域，每年召开的学习分析与知识国际会议等高级别学术会议也频繁聚焦学习分析领域的最新研究成果。

学习分析最初主要用于预测学习者的学习成绩，识别存在课程学习失败或存在辍学风险的学习者，是学校事务分析的构成部分。随着学习分析的发展和更多技术的引入，这一综合性的研究方向越来越关注如何支持更高效和更有效的教与学。国内外学者先后提出了一些学习分析参考模型，较有代表性的包括学习分析过程模型[2]、四维度参考模型[4, 5]、学习分析循环模型[6]等。这些模型根据适用对象的差异，可分为面向学习者的分析、面向教师的分析、面向管理者的分析、面向研究者的分析。面向学习者的分析模型旨在基于教学原理对学习过程进行分析，结合形成性评价，为个性化学习提出有效建议；面向教师的学习分析模型主要用于支持教师对学习者学习的测试和及时诊断；面向研究者的学习分析模型则侧重支持为研究者基于数据开展教学研究、探索教学规律提供支持。

黄荣怀、李艳燕等学者总结了学习分析相关模型，提出学习分析的概念模型如图 6.1 所示[7]。

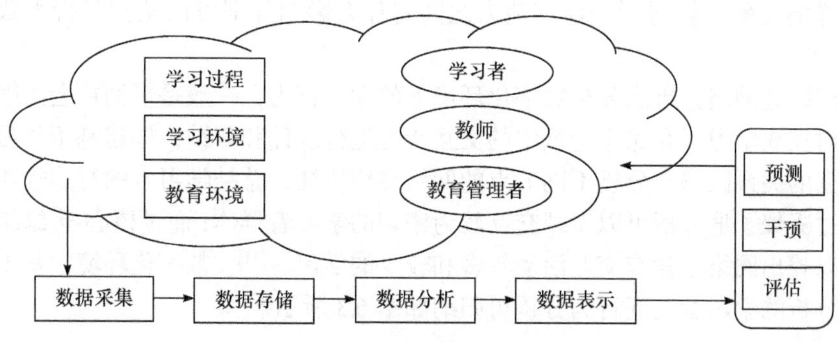

图 6.1　学习分析的概念框架

从应用上看，学习分析包括描述性分析、诊断性分析、预测性分析和规范性分析，关注的重点分别是：①使用聚类分析和数据挖掘了解一段时间内学习者的学习趋势和评估指标，分析各学习阶段、不同学习者群体的学习特征；②使用知识发现、数据挖掘、下钻分析及相关技术来检查学习数据，解决某种学习状态“为什么会发生？”的问题；③结合历史数据识别数据中的模式，并应用统计模型和算法捕获数据集间的关系，用以预测学习趋势；④结合计算机建模、机器学习等方法来推荐学习资源或提供学习建议[8]。韩锡斌通过对已有研究文献的梳理分析，构建了学习分析研究的综述框架，如图 6.2 所示[9]。

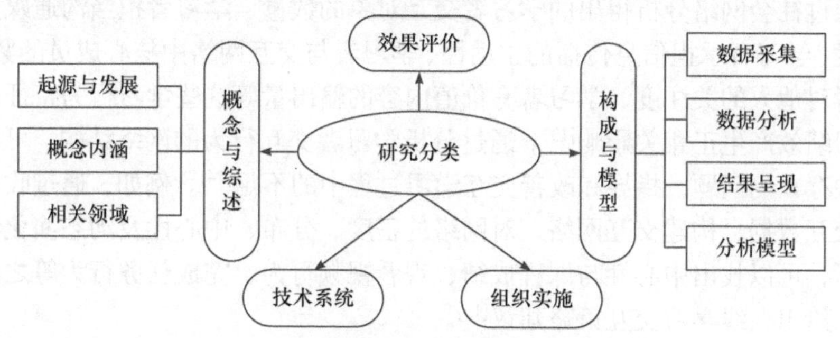

图 6.2　学习分析相关研究的综述框架

6.2　基于社会网络分析的学习行为分析

社会网络分析(social network analysis，SNA)是对社会网络中的关系结构及其属性加以分析的一套规范和方法[10]。在学习分析领域，社会网络分析主要关注的是学习者与学习者之间、学习者与教师之间、学习者与学习资源之间的交互行为。数字化环境下，学习者的交互行为发生大多在论坛讨论中，师生、生生在论坛中的交互形成了一个网络群体，师生之间、生生之间的关联程度，师生在网络中处于怎样的位置、学习者个体与他人之间有什么影响等都可以从交互行为数据中提取。

用社会网络分析法分析数字化环境下的学习行为，一般是借助社会网络分析工具对在线学习者在课程论坛中的交互行为进行统计和归纳，构建基于学习者交互数据的关系网络，分析不同节点的网络结构特征，总结学习者的行为规律。例如通过凝聚子群分析可以发现交互较为密切的学习者群体；通过核心-边缘结构分析可以找出网络中参与交互活动较多和较少的学习者[11]。数字化环境中基于社会网络分析的学习者交互行为分析可归纳如图 6.3 所示[12]。

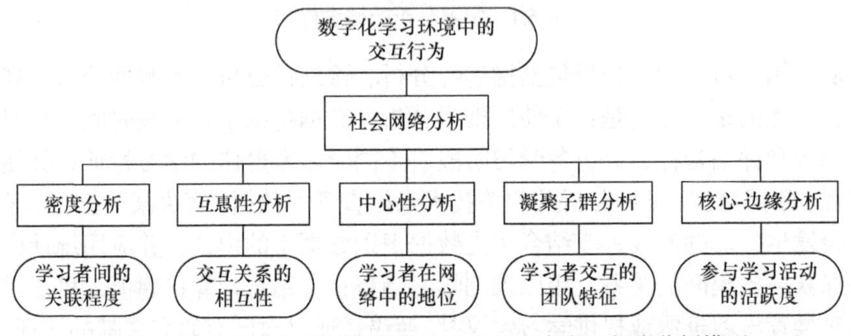

图 6.3　基于社会网络分析的数字化学习平台交互行为分析模型

通过社会网络分析得出的学习者交互对象的数量、学习者担当沟通媒介作用的强度、学习者承担信息传播的主动性、学习者与交互网络中核心成员的紧密度、学习者对他人的关注度、学习者有价值内容的输出量等这些学习行为特征，均会对学习绩效产生正相关影响[13]。通过分析学习者交互行为的网络结构，可以发现交互中存在的问题，指导和改善交互学习过程中的不足[14]。例如，通过收集课程论坛交互数据、构建交互网络，对网络的密度、分布、中心性及动态演化特征进行分析，可以找出中心性与课程成绩、观看视频行为、完成任务行为等之间的相关性，给出在线学习交互策略建议[15]。

6.3　基于话语分析的学习行为分析

话语分析最早由美国建构主义语言学家 Harris 提出，它指的是借助符号和话语理论，对传播活动的各种符号、象征、文本及话语进行剖析，从表象中发现其中隐含的深层寓意与真实用意[16]。话语分析应用到教育领域，即通过分析特定情境下人与人之间的互动话语，探索话语的语义内容和组织特征，识别、理解和构建有意义知识的学习模式[17]。美国课堂研究专家弗兰德斯认为语言行为占所有教学行为的比例高达 80%左右，语言行为是课堂中最主要的行为[18]，因此对话语进行分析是学习行为研究中的重要内容。

在数字化学习环境下，在线课程论坛中产生的大量话语数据和智慧教室中记录的海量声音数据为学习行为的深入研究提供了基础。依据话语的表现形式和采集来源不同，可将话语分析划分为三类[19]。

(1) 基于语音记录的话语分析。采集对象是学习过程中的语音，话语的表现形式为声音。通过分析抽取学习者和教师的语音特征，识别对学习者学习绩效有影响的课堂对话类型。

(2) 基于文本交互的话语分析。采集的对象是学习论坛、讨论区中的文本，话语的表现形式为文本。通过提取论坛中的话语文本，采用统计或机器学习等方法对文本形式的话语进行聚类、分类和挖掘，探索有意义的对话内容和发生过程。

(3) 基于人工智能的话语分析方法。采集的对象可以是语音或者文本，通过话语语音或文本输入、识别，用基于人工智能的方法自动分析和有效理解话语内容，模拟人机对话。

依据话语分析的对象不同，又可将话语分析分为基于外显话语行为的分析和基于内隐话语行为的分析两大类[19]。其中，外显行为指的是发表话题和回复话题的频率、数量、参与度、活跃度等不需要深入读取话语内容即可观察到的行为参数[20]，研究方法以统计分析为主，通过对上述行为变量进行统计和归类，归纳出学习者的交互特点和交互规律。例如，通过对讨论区帖子的反馈数量进行统计，发现发帖者的角色和帖子的关注度之间的关联关系[21]；又如，对论坛中帖子的数量、帖子的回复时间等因素进行分析，判断论坛交互质量等[22]。而对内隐行为的分析则需要对话语内容进行深入的剖析。例如，基于逻辑语言生成学习者的反馈摘要，观察摘要中观点的分布[23]；通过鉴别论坛内容与课程的关联性，解决论坛中信息冗杂的问题[24]；从论坛中提取热点话题，通过情绪分布差异研究学习者的话语行为[19]；提取关键词并进行语义分析，挖掘论坛评论的规律[25]；基于论坛发言内容预测学习者课程完成的情况等[26]。

话语分析研究的内容包括归纳交互程度与学习效果的关系、测量与评估交互质量、研究与设计交互工具、探讨交互环境中影响交互效果的因素等。早期的话语分析多着眼于外显行为的分析，但随着对学习行为的研究从基本的行为数据测量发展到对行为交互的分析，近年来越来越多的研究者开始关注内隐行为，采用的研究方法也由统计分析向数据挖掘、机器学习等智能算法过渡，研究对象由以往的单一数据来源向多模态数据扩充，研究情境由一般规律的总结和提取向实时检测与动态识别迁移，最终的目标是实现个性化、自适应的学习。相关研究包括通过对帖子内容进行深度挖掘分析，通过对文本、图片、音频等符号资源构成的异质话语进行多模态分析，发现学习行为的特征[27]；通过对在线会议中的实时话语数据进行标注和训练，自动识别对话类型，帮助教师快速定位探究性对话的分布，评估学习发生的情境等[28]。

6.4 基于智能技术的学习行为分析

对近十年“学习分析与知识国际会议”的分论坛的话题数量和内容的分析结果表明，近年来分论坛中增加了多模态分析、机器学习、课程分析与推荐系统等话题，可见，学习分析领域对内隐行为的研究份额逐步加重，研究方法由统计分析逐步向人工智能相关方法转变。可穿戴技术的日益普及，使得学习分析研究由单一数据来源向多模态数据转变。自然语言处理、机器学习、深度学习等技术在学习分析中的应用越来越广泛[29]。

6.4.1 自然语言处理在学习行为分析中的应用

自然语言处理(natural language processing，NLP)是计算机科学与人工智能交叉领域的一个重要方向。它研究能实现人与计算机之间用自然语言进行有效通信的各种理论和方法。自然语言处理广泛应用于机器翻译、舆情监测、自动摘要、观点提取、文本分类、问题回答、文本语义对比、语音识别、文字识别等领域。

自然语言处理分为理性主义和经验主义两大流派[20]。早期的自然语言处理方法主要属于理性流派，主张根据数学中的公理化方法研究自然语言，采用代数与集合论将形式语言定义为符号的序列，使用有限的规则描述无限的语言现象，发现人类普遍的语言机制，建立普遍语法。这种基于句法-规则的理性主义方法处理小规模数据能达到较好的效果，但随着网络的普及和大规模数据的出现，统计和数据驱动的基于经验主义的自然语言处理方法逐渐成为主流。从 20 世纪 70 年代开始，微软、IBM、谷歌等公司开始研究基于统计的自然语言处理方法，主要用于机器翻译领域，基于统计的机器翻译的准确率和效率超过了基于规则的翻译系统。从 21 世纪初期开始，机器学习被用于自然语言处理，并取得了一系列突破性成果，机器学习和深度学习成为当前主流的自然语言处理模型训练方法。

自然语言处理包含获取语料、语料预处理(清洗、分词、标注等)、特征工程(将语料表示为可计算的模型，如向量、词袋等)、特征选择、模型训练、评价 6 个步骤。

在数字化学习环境中，自然语言处理技术主要用于对课程论坛文本、作业等文字材料的分析，借此分析学习者的情感、归纳学习者的活跃度等行为特征，通常与话语分析相结合。与学习行为相关的自然语言处理技术主要有关键词抽取技术、文本相似度计算、情感分析技术等。

(1) 关键词抽取技术

关键词抽取技术能够自动从文档中选择能代表主题特色的词语，包括文本分词、文本表示、文本词频处理、文本语义相似度处理和文本语言网络处理等。它是自然语言处理和信息检索的基础技术。关键词抽取常采用无监督学习或监督学习两类算法。无监督学习算法在文档中挑选出适当的关键词，经过对候选关键词的排序操作后，把获得最高分的候选词作为关键词。监督学习算法则需要利用已经标注好的语料来训练学习模型，将关键词抽取问题转换为分类问题。从关键词抽取的性能上来说，监督学习算法的实现效果普遍优于无监督学习算法，但受制于训练语料库的质量等因素的影响，灵活性和适用范围不及无监督学习算法[20]。

(2) 文本相似度计算

文本相似度计算将单位语料视为向量，计算向量之间的接近程度[30]，是语义应用的基础。在学习行为分析中，文本相似度计算常用于比较讨论区、作业中的文本摘要的代表性和拟合度，或用于将提取的相关文本摘要或关键字与数据库中的信息进行比对。最常见的文本相似度计算方法是基于向量空间模型的计算。该方法将预处理后的文本语料表示为 n 维特征向量，借用数学中向量距离的计算方法，如夹角余弦、欧几里得距离等方法计算特征向量间的相似度。

(3) 情感分析技术

文本的情感分析旨在抽取出隐含在文本中的情感、态度、观点等信息，并进一步对文本的情感倾向进行分类、分析。情感分析是自然语言处理领域的重要研究方向，也是数字化学习环境中探索内隐学习行为的重要方法。情感分析从原始语料入手，对语料进行预处理后，挖掘语料中有意义的信息单元和情感词特征，对情感特征进行分类或用于情感检索、归纳等。

自然语言处理在数字化环境下学习行为分析中的应用主要是通过对学习过程中产生的文本语料进行分析，提取和归纳学习者的显性和隐性行为特征，找出学习者之间、学习者与学习内容之间的关联。例如，使用自然语言处理技术对学习者在线学习活动中与教师之间互动产生的问答信息，以及和其他学习者互动产生的聊天信息进行分析，可以发现学习者在学习行为上存在的相似和差异之处，得出学习者问答行为与学习效果之间存在相关关系。

6.4.2　机器学习在学习行为分析中的应用

机器学习是计算机通过非显著性编程(即并非直接通过编程解决，而是通过编程让计算机自己总结规律)的方法赋予计算机学习能力的领域[31]。一个计算机程序被称为可以学习，指的是它能够针对某个任务 T 和某个性能 P 从经验 E 中学习，这种学习的特点是，它在 T 上的被 P 所衡量的性能会随着经验 E 的增加而提高[32]。

在学习分析中，机器学习的主要作用是模型的构建和数据的分析。经典的机器学习算法如支持向量机(support vector machine，SVM)、朴素贝叶斯(naive Bayes，NB)、决策树(decision tree，DT)、人工神经网络(artificial neural network，ANN)等均在学习分析中有具体应用。经典的机器学习算法根据其分析的数据是否含有标签又分为监督学习、无监督学习和半监督学习三类。

监督学习指的是已知数据集带有标签，已经标记出输入和输出结果之间的关系，根据这种已知关系训练得到一个最优模型，该模型能够标记新的数据集。在监督学习中，训练数据既有特征又有标签，通过训练使得算法能自己找到特征和标签之间的联系，在面对没有标签的数据时可以判断出标签。无监督学习中，数据集不带标签，未给定输入和输出结果之间的关系，需要通过算法训练无标签的训练集，自动发现数据的潜在结构。因此，无监督学习不是响应反馈，而是识别数据中的共性特征，再判断新数据中是否存在这种特征，做出相应的反馈。半监督学习使用部分有标签，大部分缺乏标签的数据用作训练集，在缺乏高质量数据的条件下，半监督学习能以低成本达到较高的准确率。通常，监督学习的主要目标是分类和回归，常用算法包括 K 近邻(K-nearest neighbor，KNN)分类算法、朴素贝叶斯算法、决策树、逻辑回归等。无监督学习的目标主要是聚类和降维，常用算法包括各种聚类算法、主成分分析算法等。半监督学习介于监督学习和无监督学习之间，通常在数据质量不高的条件下应用。

机器学习在学习行为分析中的应用主要包括学习行为模式挖掘、学习行为预测、学习效果预测、学习行为和学习效果关联性分析等。

(1) 学习行为模式挖掘

对学习行为模式的挖掘，一般需要首先提取学习行为特征，再采用聚类、分类、序列挖掘等算法对行为特征进一步分析，挖掘不同粒度的学习行为模式。其中聚类算法多用于了解学习者的参与程度、行为偏好等行为模式；隐马尔可夫模型、序列模式挖掘等方法则用于揭示更细粒度的学习者行为规律。例如，有研究者用 K 均值聚类(K-means)算法对 MOOC 在线学习行为数据进行聚类分析，发现 MOOC 学习者的学习行为模式可分为“完成”“旁听”“离开”“抽样”四类[33]。与之类似的还有其他研究者采用不同的算法对学习行为数据进行聚类分析，得出不同的学习者分类方式。基于聚类和分类算法的学习行为研究多集中在提炼学习模式上，采用的数据大多来自于在线学习平台的行为累积数据，能够从宏观角度理解学习者的参与、学习偏好等行为模式，进而为教师提供学习参与度等方面的信息以支持教学干预。

基于序列规则的挖掘方法则更注重细粒度地挖掘学习者隐含的学习状态，了解学习过程中的行为规律，发现学习中的薄弱环节。例如，以在线学习行为日志数据为挖掘对象，抽取学习行为规则，发现行为序列间的相关性[34]。或通过记录学习者在数字化学习环境，例如，虚拟学习环境中开展某种学习活动的行为数据，通过序列挖掘算法研究不同类别学习者的学习行为模式[35]。还有研究者通过收集在线开放学习环境下学习者的行为日志，综合应用聚类和序列挖掘算法，研究通过聚类算法得出的不同类别学习者的常见的几种学习行为模式特征，探讨不同类别的学习者行为模式的特点[36]。这类在线学习行为模式研究大都基于在线学习行为的时序数据，旨在从微观角度理解学习者的行为跳转模式，这些规则和模式特征既可为教师的教学干预提供支持，又可为数字化学习系统的设计提供依据[37]。

(2) 学习行为预测

根据学习者的历史学习行为记录，在学习行为特征提取的基础上，预测学习者未来的学习行为，其中最典型的应用是在线学习辍学预测。实际上学习者辍学或学业失败是教育中一直存在的问题，特别是在远程教育中，问题尤为突出。早期在社会学、教育学和心理学理论的基础上，主要采用统计分析的方法构建辍学模型，用于辍学预测。2000 年左右开始陆续有研究者尝试用机器学习的方法预测辍学行为，采用的算法包括贝叶斯网络、神经网络、支持向量机、K 近邻、决策树等。2010 年左右，序列挖掘方法被引入学习行为预测，隐马尔可夫模型、长短时记忆网络(long short-term memory，LSTM)、时间序列与随机森林相结合等时序方法被引入学习行为预测[38]。

(3) 学习效果预测

与学习行为预测相仿，根据学习者的历史学习行为记录，可以预测学习者的学习效果，如预测学习成绩。有研究者提出基于时间序列的神经网络对 MOOC 学习者的学习成绩进行预测[39]；也有研究者通过聚类算法将学习者分为不同类型，探讨不同类型学习者学习行为与学习成绩间的关联关系，达到预测学习成绩的目的[40]。还有学者建立逻辑回归、多层感知和随机森林模型，根据学习者参加课外活动的行为预测学习者的学习成绩且达到了较高的准确率[41]；也有研究者根据上网时长、网络流量和连接频率等互联网使用行为间接数据，用决策树、神经网络、支持向量机等方法预测学习成绩，并总结出了准确率较高的预测规则[42]。还有研究者将学习行为结合学习者的人口学因素、学习背景、心理因素等要素，建立联合预测模型，采用支持向量机、神经网络等方法联合预测并取得了优于单一因素预测的效果[43]。基于学习行为的学习效果预测能够帮助教师分辨存在学习困难的学习者，便于有针对性地提供早期干预。

(4) 学习行为与学习效果间的关联性分析

针对可能存在风险的学习行为和可能不佳的学习效果，要实现有效的前期干预，除了预测以外，更重要的是分析学习行为与学习效果间的关系。围绕这一问题，研究侧重于探究学习效果的影响因素。有学者使用自然语言处理技术对在线学习活动中学习者与教师的互动文本和学习者之间的聊天文本进行分析，发现学习者在学习行为和主题上的相似和差异之处，得出学习者提问行为与学习效果间的相关性[44]；还有研究者对在线学习论坛中的发帖行为进行分析，发现发帖行为和阅读帖子的行为均对学习效果有积极作用[45]；也有学习者从细粒度的学习行为分析出发，发现学习者在选择课程和学习模式上具有显著差异，而这种差异会显著影响学习效果[46]。

(5) 个性化学习

学习分析的最终目标之一是对学习特点、学习行为模式各不相同的学习者实现有针对性的教学，实现个性化学习，达到因材施教的目的。影响个性化学习方案制定的因素除了学习行为模式外，还包括学习者的个体特点、当前学习情况、知识水平状态、情感状态等。与个性化学习相关的研究领域包括个性化学习资源推荐、个性化学习路径推荐、个性化干预等。例如，有研究者根据学习者的历史访问行为记录，计算学习者的偏好与教育资源间的相似度，实现了教学资源的自动推荐[47]；也有研究者利用学习者在学习过程中的实时点击行为数据流，跟踪学习行为，采用深度学习网络预测学习者下一步的行为，自动调整学习内容，帮助学习者提高学习效率[48]。

6.4.3 深度学习在学习行为分析中的应用

深度学习(deep learning，DL)是机器学习的子领域，深度学习的概念源于人工神经网络，通过组合低层特征形成更加抽象的高层表示属性类别或特征，以发现数据的分布特征。理论上只要有足够多的数据，深度学习就不需要人为操作，能够自动提取特征。常用深度学习模型包括自动编码机、循环神经网络、卷积神经网络等若干种类，近年来深度学习在搜索技术、数据挖掘、机器翻译、自然语言处理、多媒体学习、语音识别、推荐和个性化技术及其他相关领域都取得了大量成果。但深度学习最典型的应用还是在语音识别和图像识别领域。

在数字化学习环境中，如何监测和分析学习者在课堂上的学习状态是一个具有挑战性的问题。由于在图像和语音识别领域的良好表现，深度学习相关算法常被用于识别学习者的面部表情、行为姿态、眼动状态、语言等表象行为，并根据相关规律推测其学习状态。例如，用卷积神经网络识别学习者的面部表情，检测课堂学习情绪；识别眼睛状态，检测学习者的疲劳度；估计脸部姿态，检测学习者的专注度[49]。又如，通过深度神经网络建立训练模型，自动分析和识别语音内容[50]。在文本挖掘和话语分析中，卷积神经网络、循环神经网络等深度学习算法同样有广泛应用。

6.5　基于多模态数据的学习行为分析

符号系统学说派以社会符号学为基础，认为模态是可以被具体的感知过程解释的社会符号系统[51]，如声音、图像、文字等；交互方式学说派则认为模态是人类通过感觉器官建立的与外部环境之间的交互方式，如视觉、听觉、触觉、嗅觉、味觉等。随着人工智能研究的深入，信息技术领域的学者从数据感知模式和数据表征方式的角度将模态定义为机器对外界信息的感知模式或信息通道[52]，包含数据表征模式、数据采集机制和数据特征主体。多模态即融合文本、语音、视频、生理信息等多种数据表征模式、关联多种传感设备的数据采集机制和对特征主体多种局部主体信息的数据化表征[53]。

按数据来源的不同，多模态数据可分为主观数据和客观数据两大类。主观数据主要用于反馈学习者对于特定学习活动的看法或学习过程中的心理状态[54]，主观数据的来源包括自我报告问卷、学习日志、反映学习者心理活动的音视频编码等。客观数据主要用于反馈学习者在学习过程中的认知或情感状态[55]，数据来源包括学习者的心率、皮肤电、眼动、脑电波等生理数据。

学习是学习者、行为和环境三者复杂交互的认知过程[56]，这一过程具有内隐性、交互性、多维性等特征，仅借助单一数据的分析实际上不能够准确揭示学习发生的认知机理及学习者的内在心理变化过程[57]。随着可穿戴传感器、物联网技术在教育教学中的广泛应用，采集物理学习空间中学习者的言语、肢体行为和手势等多模态的学习行为数据成为可能。而机器学习、深度学习等人工智能方法在学习分析中的应用，更进一步提升了学习情境中语义数据的可挖掘性[58]，以及复杂的学习现象和学习行为交互规律的可解释度[59]。多模态数据和学习分析的融合能更好地解释复杂的学习现象[60]。例如，通过学习日志数据可以解释学习者某些维度的在线学习行为特点；通过视频数据可以解释学习者的身体姿势和交流互动情况；通过眼动数据可以发现学习者的瞳孔反应，反映其思维过程；从脑电波数据可以提取与学习者认知负荷等深层心理过程相关的元数据。因此，多模态数据能更全面、深入地揭示学习者认知和情感方面的特征与规律，弥补传统单一数据源对认知和情感维度关注不足的问题；另一方面多模态数据可实现数据间的三角互证，即通过收集不同来源的数据来解释同一教育现象，获得更多有价值的结论。数字化学习时代，复杂学习问题的数据分析需求日益增加，智能技术、大数据技术与教育学研究深度融合，逐步形成“数据驱动”的研究范式[61]，2020 年《地平线报告：教与学版》认为，学习分析的跨功能数据联合与协调应用将成为未来研究的趋势[62]。

6.5.1 多模态学习分析技术的概念

多模态学习分析(multimodal learning analytics，MLA)的概念最早由美国南加州大学创新技术学院的 Stefan Scherer 和 Louis-Philippe Morency、西北大学的 Marcelo Worsley 等学者于 2012 年在第十四届“多模态交互国际会议”上正式提出并发表[63]。它指的是利用多种分析技术对学习情境中产生的多模态学习行为数据进行统一化整合处理和建模分析，通常用于预测学习风险、为教师和学习者提供教与学的支持，实现学习过程的优化和学习机理的解释[63]。多模态学习分析是一个横跨学习科学和机器学习的研究领域，其目标是通过收集多种形式的数据，将复杂的学习行为与学习理论和学习策略联系起来[64]，研究复杂环境中的学习[65]。多模态学习分析为物理空间和数字世界中的人、设备、资源之间所产生的学习测量与评价分析提供了新的视角，应用多模态学习分析改善学习过程、优化学习体验已成为研究共识。

从理论上看，多模态学习分析需解决研究模型问题；从技术上看，多模态学习分析需解决数据源类型、采集技术与工具、分析方法等问题。

6.5.2 多模态学习分析的研究模型

为理清学习行为、多模态数据、学习反馈等主要环节间的关系，Mitri 等提出的多模态学习分析过程模型由 4 个步骤构成：传感器采集表征多模态数据、标注学习标签、用机器学习/统计分析建模等方法预测学习状态、结合具体任务反馈解释促成行为改变[66]。从分析流程出发，Mitri 等提出多模态学习分析管道模型，从分析流程看，管道模型包括数据收集、存储、标注、处理、开采 5 个步骤，并设计有多条路线，研究人员可根据不同类型的研究对象和目的结合所用分析工具选择不同的路线[67]。汪维富等设计了多模态学习分析的 DVC 过程模型，包括数据发现、数据融合、数据利用的“三大步七小步”处理流程[68]。刘清堂等以 Mitri 提出的多模态学习分析过程模型为基础，构建了多模态学习分析实证研究框架。该框架将学习分析的四个过程记为 $P1$～$P4$，为每个过程增加了生成的结果 $R1$～$R4$，分别表示多模态数据、学习标签、预测结果和行为改变[69]。张琪则提出数据映射的“冰山模型”，从最底层学习者的行为和学习情境数据的采集，到数据分析建模，再到从数据中形成学习投入度、认知水平、深度学习能力等隐性学习状态的表征，“冰山”被“观察-数字”分割线划分为水面以上和水面以下，水面以上的显性数据是可记录与存储的，而水面以下的部分则需要多层次的解释。在此基础上，他进一步构造了循环推理框架，认为基于多模态的学习分析过程是数据采集、数据表征、数据对齐、融合建模、调参反馈这 5 个步骤的闭环循环[70]。

6.5.3 多模态学习分析的关键技术

多模态数据分析的一般流程可以归纳为数据收集、数据处理、数据融合、数据应用，其中涉及的关键技术包括数据采集技术、数据预处理技术和数据融合技术等。

(1) 数据采集技术

由于数字化学习环境下学习行为数据的易获取性，早期的学习分析多是基于学习者使用数字化学习平台等工具所产生的操作行为数据，这些数据多以系统日志的形式存在。但实际上数字化学习环境不仅包含学习平台，还包含课堂学习中的智慧教室环境等，在这些情境下，可以通过物联设备来追踪学习过程中的行为数据，用于多模态学习分析[71]。同时，观察、自我报告等传统方式采集的数据在多模态学习分析中仍作为重要的数据来源被纳入分析。

在数据采集中，常用的采集方式包括量表采集、日志采集和传感器采集。量表主要获取学习者的自我调节、学习动机等数据；日志采集主要获取学习平台中的操作行为记录，包括登录时长、登录次数、答题正确率等；传感器采集主要用于获取身体姿态、语音、面部表情、眼动、脑电、皮肤电等生理数据。物联网技术的发展不仅丰富了数据采集的类别，也为原有数据类型增加了新的获取途径[72]。例如，文本数据的获取不仅可来源于论坛、作业、文档等，还可以通过数字笔捕获书写的速度、压力、节奏等；对语音数据的分析，除传统的内容识别和分析外，还可以进行韵律特征、语音语调的分析，以挖掘其中隐含的互动水平、学习动机等。

(2) 数据预处理

数据预处理主要是将收集到的多模态数据进行清洗、降噪、降维及标注。数据清洗和降噪可检查多模态数据的一致性并处理数据中的无效值和缺失值；降维的目的是提高多模态数据建模时的鲁棒性和泛化性；数据标注则是指通过人工或自动化的方式对清洗后的多模态数据进行整理和标注，将学习指标重复分配给多模态数据的不同区间。早期的数据标注多采用人工方式，随着数据量的增大和维度的增多，目前多采用半自动标注技术和迁移学习技术以最大限度减少标注的工作量。标注的数量取决于采集指标的数量、粒度及算法模型的适配性。对于学习指标的描述，输出值可以为多元分类变量，也可以作为离散变量呈现[70]。

(3) 数据融合技术

数据融合是将处理后的多模态数据进行整合分析，包括数据同步和融合。数据同步的意义在于建立同一实例在不同模态数据中的对应关系，同步可以分别从空间维度(如图像的语义分割)和时间维度(如姿态数据与眼动数据对齐)进行。早期的同步方式多基于不同模态中组件的相似性，用手动定义或模板伸缩实现，如动态时间规整(dynamic time warping，DTW)方法等，深度学习算法的引入使得同步方式变为通过数据训练的方式对齐，近年来的研究集中在注意力机制的“编码-解码”模型，以此实现跨模态的对齐。

融合是整合各模态数据，最直接的方法是将不同规则提取的特征向量拼接为高维特征向量，再采用降维操作将原始高维组合特征向量投射至低维空间，得到新的降维后的数据表达。基于多核学习的融合方法是近年来为充分利用各模态数据信息提出的新方法，该方法为每种不同的信息模态分配不同的核，分别对应相应的核函数，通过对核函数权值的组合提取相应的特征表达，兼顾各模型的内部特征[70]。

6.5.4 多模态学习分析的应用领域

多模态学习分析为挖掘新的学习理论、洞察新的教育规律提供了可能。在多模态分析中，数据指标与教育指标之间是“多对一”的映射关系，在提升结果可信度的同时，有效规避了传统方法的局限性。多模态学习分析的应用场景包括面向智能测评的学习者精准建模、面向智慧学习空间的教育情境建模、面向教育生态治理的教育系统建模等。

其中，面向学习者的精准建模已有诸多相关研究，包括面向学习者的智能化认知诊断、面向学习者的智能化学习行为分析、面向学习者的智能化情绪感知、面向学习者的智能化交互分析等。即通过对一定学习周期内学习者多模态学习数据的持续采集、建模和分析，实现对个体认知结构、认知过程、信息加工模式、行为特征、情感状态的精准测评，并在此基础上回溯影响学习的因素，挖掘深层次学习行为和情绪的发生机理、制定个性化学习绩效提升服务。

面向智慧学习空间的教育情境建模主要是面向智慧课堂的教学情境感知，利用多模态思想对智慧教育情境进行多元分解，分析相关要素对学习绩效的影响机理，面向教学过程全方位建模，优化智能教育服务模式。

面向教育生态治理的教育系统建模从系统科学的观点出发，利用多模态数据的感知和融合，实现对智慧教育生态系统构成要素的精准化建模分析，模拟数据流动机制，理清相关要素的作用机理，为不同规模下的教育生态系统治理提供决策支持[53]。

参 考 文 献

[1] Siemens G, Gasevic D. Guest editorial-learning and knowledge analytics[J]. Journal of Educational Technology & Society, 2012, 15(3): 1-2.

[2] Siemens G. Learning analytics: the emergence of a discipline[J]. American Behavioral Scientist,

2013, 57(10): 1380-1400.

[3] Johnson L, Smith R, Willis H, et al. NMC horizon report: 2011 higher education edition[R]. Austin: The New Media Consortium, 2012.

[4] Chatti M A, Dyckhoff A L, Schroeder U, et al. A reference model for learning analytics[J]. International Journal of Technology Enhanced Learning, 2012, 4(5-6): 318-331.

[5] Greller W, Drachsler H. Translating learning into numbers: a generic framework for learning analytics[J]. Journal of Educational Technology & Society, 2012, 15(3): 42-57.

[6] Elias T. Learning analytics: definitions, processes and potential[EB/OL]. https://landing.athabascau.ca/file/download/43713[2023-4-30].

[7] 李艳燕, 马韶茜, 黄荣怀. 学习分析技术: 服务学习过程设计和优化[J]. 开放教育研究, 2012, 18(5): 18-24.

[8] What is Learning Analytics?[EB/OL]https://www.solaresearch.org/about/what-is-learning-analytics/[2022-2-16].

[9] 韩锡斌, 黄月, 马婧, 等. 学习分析的系统化综述:回顾、辨析及前瞻[J]. 清华大学教育研究, 2017, 38(3): 41-51, 124.

[10] Otte E, Rousseau R. Social network analysis: a powerful strategy, also for the information sciences[J]. Journal of Information Science, 2002, 28(6): 441-453.

[11] 李莎. 基于超星平台的在线学习行为分析模型研究[D]. 长沙: 湖南师范大学, 2021.

[12] 王祎. 在线学习行为分析及应用研究[D]. 武汉: 华中师范大学, 2018.

[13] 柯灵儿. 基于社会网络分析的在线学习论坛交互行为研究[D]. 北京: 北京邮电大学, 2019.

[14] 徐瑞苓. 基于社会网络分析的网络课程交互学习研究[D]. 呼和浩特: 内蒙古师范大学, 2019.

[15] 朱先永. 基于社会网络分析的 SPOC 课程论坛中的交互行为研究[D]. 南昌: 江西财经大学, 2016.

[16] Zellig H. Discourse analysis[J]. Language, 1952, 28(1): 1-30.

[17] 左明章, 赵蓉, 王志锋, 等. 基于论坛文本的互动话语分析模式构建与实践[J]. 电化教育研究, 2018, 39(9): 51-58.

[18] Flanders N A. Analyzing Teaching Behavior[M]. Boston: Addison-Wesley, 1970.

[19] 刘智, 张文静, 孙建文, 等. 云课堂论坛中的学习者互动话语行为分析研究[J]. 电化教育研究, 2016, 37(9): 95-102.

[20] 谷欣. 基于 MOOC 课程评论的学习行为分析研究[D]. 武汉: 华中师范大学, 2018.

[21] 曹传东, 赵华新. MOOC 课程讨论区的社会性交互个案研究[J]. 中国远程教育, 2016, (3): 39-44.

[22] 孙洪涛, 郑勤华, 陈丽. 中国 MOOCs 教学交互状况调查研究[J]. 开放教育研究, 2016, 22(1): 72-79.

[23] Luo W, Liu F, Liu Z, et al. Automatic summarization of student course feedback[C]. The 15th Annual Conference of the North American Chapter of the Association for Computational Linguistics: Human Language Technologies, 2016: 80-85.

[24] Wise A F, Cui Y, Vytasek J. Bringing order to chaos in MOOC discussion forums with content-related thread identification[C]. The Sixth International Conference on Learning Analytics &

Knowledge, 2016: 188-197.

[25] 吴林静, 刘清堂, 毛刚, 等. 大数据视角下的慕课评论语义分析模型及应用研究[J]. 电化教育研究, 2017, 38(11): 43-48.

[26] Crossley S, Paquette L, Dascalu M, et al. Combining click-stream data with NLP tools to better understand MOOC completion[C]. The Sixth International Conference on Learning Analytics & Knowledge, 2016: 6-14.

[27] Kress G, Van Leeuwen T. Reading Images: The Grammar of Visual Design[M]. Abingdon: Routledge, 2020.

[28] Ferguson R, Wei Z, He Y, et al. An evaluation of learning analytics to identify exploratory dialogue in online discussions[C]. The Third International Conference on Learning Analytics and Knowledge, 2013: 85-93.

[29] 牟智佳, 刘珊珊, 高雨婷. 国际学习分析领域研究十年回顾：热点、脉络与前瞻[J]. 开放学习研究, 2022, 27(3): 35-44.

[30] 胡艺龄. 基于学习分析技术的问题解决能力评价研究[D]. 上海: 华东师范大学, 2016.

[31] Samuel A L. Some studies in machine learning using the game of checkers[J]. IBM Journal of Research and Development, 2000, 44(1-2): 206-226.

[32] Mitchell T M. Machine Learning[M]. New York: McGraw-hill, 1997.

[33] Kizilcec R F, Piech C, Schneider E. Deconstructing disengagement: analyzing learner subpopulations in massive open online courses[C]. The Third International Conference on Learning Analytics and Knowledge, 2013: 170-179.

[34] Luna J M, Romero C, Romero J R, et al. An evolutionary algorithm for the discovery of rare class association rules in learning management systems[J]. Applied Intelligence, 2015, 42(3): 501-513.

[35] Jiang Y, Paquette L, Baker R S, et al. Comparing novice and experienced students within virtual performance assessments[C]. The 8th International Conference on Educational Data Mining, 2015: 80-85.

[36] Bauer A, Flatten J, Popovic Z. Analysis of problem-solving behavior in open-ended scientific-discovery game challenges[C]. The 10th International Conference on Educational Data Mining, 2017: 32-39.

[37] 杨娟. 在线学习环境下学习成效预测研究[D]. 武汉: 华中师范大学, 2020.

[38] 邱林. 面向行为数据的 MOOCs 学习者辍学预测模型研究[D]. 武汉: 华中师范大学, 2019.

[39] Yang T Y, Brinton C G, Joe-Wong C, et al. Behavior-based grade prediction for MOOCs via time series neural networks[J]. IEEE Journal of Selected Topics in Signal Processing, 2017, 11(5): 716-728.

[40] 蒋卓轩, 张岩, 李晓明. 基于 MOOC 数据的学习行为分析与预测[J]. 计算机研究与发展, 2015, 52(3): 614-628.

[41] Rahman S R, Islam M A, Akash P P, et al. Effects of co-curricular activities on student's academic performance by machine learning[J]. Current Research in Behavioral Sciences, 2021, 2: 1-7.

[42] Xu X, Wang J, Peng H, et al. Prediction of academic performance associated with internet usage behaviors using machine learning algorithms[J]. Computers in Human Behavior, 2019, 98: 166-173.

[43] Tatar A E, Düştegör D. Prediction of academic performance at undergraduate graduation: course grades or grade point average?[J]. Applied Sciences, 2020, 10(14): 49-67.

[44] He W. Examining students' online interaction in a live video streaming environment using data mining and text mining[J]. Computers in Human Behavior, 2013, 29(1): 90-102.

[45] Cheng C K, Paré D E, Collimore L M, et al. Assessing the effectiveness of a voluntary online discussion forum on improving students' course performance[J]. Computers & Education, 2011, 56(1): 253-261.

[46] Qiu J, Tang J, Liu T X, et al. Modeling and predicting learning behavior in MOOCs[C] The Ninth ACM International Conference on Web Search and Data Mining, 2016: 93-102.

[47] Khribi M K, Jemni M, Nasraoui O. Automatic recommendations for e-learning personalization based on web usage mining techniques and information retrieval[C]. The 8th IEEE International Conference on Advanced Learning Technologies, Santander, 2008: 241-245.

[48] Pardos Z A, Tang S, Davis D, et al. Enabling real-time adaptivity in MOOCs with a personalized next-step recommendation framework[C]. The Fourth ACM Conference on Learning, 2017: 23-32.

[49] 张敬然. 基于面部识别技术的在线学习行为深度感知方法研究与应用[D]. 南京: 南京师范大学, 2018.

[50] 孙雅琳. 人工智能在语言训练指导和批改中的应用[D]. 北京: 北京邮电大学, 2018.

[51] Kress G. Multimodality: A Social Semiotic Approach to Contemporary Communication[M]. New York: Routledge, 2009.

[52] Lahat D, Adali T, Jutten C. Multimodal data fusion: an overview of methods, challenges, and prospects[J]. Proceedings of The IEEE, 2015, 103(9): 1449-1477.

[53] 王一岩, 王杨春晓, 郑永和. 多模态学习分析:"多模态"驱动的智能教育研究新趋向[J]. 中国电化教育, 2021, (3): 88-96.

[54] Khalifeh G, Noroozi O, Farrokhnia M, et al. Higher education students' perceived readiness for computer-supported collaborative learning[J]. Multimodal Technologies and Interaction, 2020, 4(2): 1-14.

[55] Winne P H. Improving measurement of self-regulated learning[J]. Educational Psychologist, 2010, 45(4): 267-276.

[56] Wong L H. A learner - centric view of mobile seamless learning[J]. British Journal of Educational Technology, 2012, 43(1): 19-23.

[57] Giannakos M N, Sharma K, Pappas I O, et al. Multimodal data as a means to understand the learning experience[J]. International Journal of Information Management, 2019, 48: 108-119.

[58] Appleton J J, Christenson S L, Kim D, et al. Measuring cognitive and psychological engagement: validation of the student engagement instrument[J]. Journal of School Psychology, 2006, 44(5): 427-445.

[59] Darnell D K, Krieg P A. Student engagement, assessed using heart rate, shows no reset following active learning sessions in lectures[J]. PLoS One, 2019, 14(12): 1-13.

[60] Blikstein P, Worsley M. Multimodal learning analytics and education data mining: Using computational technologies to measure complex learning tasks[J]. Journal of Learning Analytics,

2016, 3(2): 220-238.
[61] 田阳, 陈鹏, 黄荣怀, 等. 面向混合学习的多模态交互分析机制及优化策略[J]. 电化教育研究, 2019, 40(9): 67-74.
[62] Brown M, McCormack M, Reeves J, et al. 2020 EDUCAUSE horizon report: teaching and learning edition[R]. Boulder: EDUCAUSE, 2020.
[63] Scherer S, Worsley M, Morency L P. 1st international workshop on multimodal learning analytics[C]. The 14th ACM International Conference on Multimodal Interaction, 2012: 609-610.
[64] Worsley M. Multimodal learning analytics as a tool for bridging learning theory and complex learning behaviors[C]. The 2014 ACM Workshop on Multimodal Learning Analytics Workshop and Grand Challenge, 2014: 1-4.
[65] Ochoa X, Worsley M. Augmenting learning analytics with multimodal sensory data[J]. Journal of Learning Analytics, 2016, 3(2): 213-219.
[66] Di Mitri D, Schneider J, Specht M, et al. From signals to knowledge: a conceptual model for multimodal learning analytics[J]. Journal of Computer Assisted Learning, 2018, 34(4): 338-349.
[67] Di Mitri D, Schneider J, Klemke R, et al. Read between the lines: an annotation tool for multimodal data for learning[C]. The 9th International Conference on Learning Analytics & Knowledge, 2019: 51-60.
[68] 汪维富, 毛美娟. 多模态学习分析：理解与评价真实学习的新路向[J]. 电化教育研究, 2021, 42(2): 25-32.
[69] 刘清堂, 李小娟, 谢魁, 等. 多模态学习分析实证研究的发展与展望[J]. 电化教育研究, 2022, 43(1): 71-78, 85.
[70] 张琪, 李福华, 孙基男. 多模态学习分析：走向计算教育时代的学习分析学[J]. 中国电化教育, 2020, (9): 7-14, 39.
[71] 牟智佳. 多模态学习分析：学习分析研究新生长点[J]. 电化教育研究, 2020, 41(5): 27-32, 51.
[72] 李新, 李艳燕, 包昊罡, 等. 学习投入测评新发展：从单维分析到多模态融合[J]. 电化教育研究, 2021, 42(10): 100-107.

第 7 章　教育数据挖掘与学习行为

从技术的角度研究学习行为，涉及的研究领域包括学习分析和教育数据挖掘，两个研究领域的关注点并不局限于学习行为数据，而是更广泛意义上的“教育大数据”。数据挖掘技术可以从大量的数据中发现隐藏的模式与知识，该技术广泛应用于商务管理、生产控制、市场分析、工程设计和科学探索等领域。教育数据挖掘(educational data mining，EDM)综合应用教育学、计算机科学、心理学和统计学等多个学科的理论和技术，通过分析和挖掘教育相关的数据，来发现和辅助解决教育研究与教学实践中的问题，如辅助管理人员做出决策、帮助教师改进课程及提高学习者的学习绩效等。

7.1　教育数据挖掘概述

教育数据挖掘社区(http://www.educationaldatamining.org)给出了教育数据挖掘的定义，即“教育数据挖掘是一门新兴的学科，它致力于开发新的方法探索来自教育环境中的独特的且规模日益变大的数据，并使用这些方法来更好地理解学习者及其学习环境。”教育数据挖掘不仅是数字化教育研究的体现，也是教育信息化发展的必然需求[1]，教育问题的复杂性和多学科交叉的性质，使教育数据挖掘在数据来源、数据特点、研究方法和应用目的等方面均表现出其独特性。

教育数据挖掘是计算机科学、教育学和统计学交叉的研究方向，如图 7.1 所示[2]。

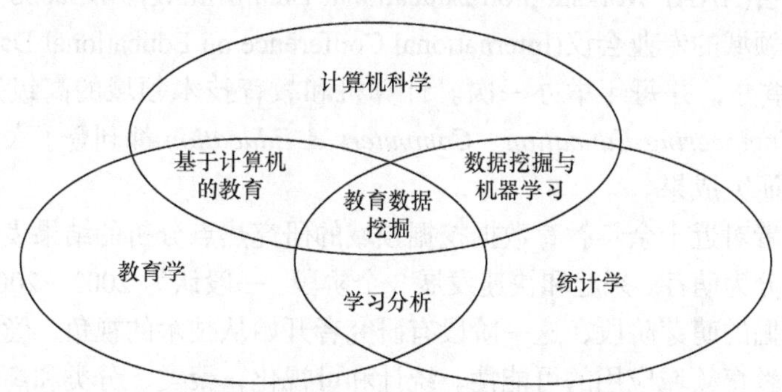

图 7.1　与教育数据挖掘相关的研究领域

教育数据挖掘与学习分析是非常相似的两个研究领域，两者在研究内容和研究人员上有相当大的重叠，但教育数据挖掘聚焦于使用自动化的方法对教育情境数据进行自动探索和自适应分析，而学习分析旨在通过分析建模来预测行为，将结果反馈到过程中以更好地改善学习体验。简而言之，教育数据挖掘更注重自动化的方法，学习分析则对人类主导的方法更感兴趣。自动化的方法通常可以实现更高的预测精度，而人类主导的方法可以产生更易于理解的模型[3]。从另一角度来看，学习分析侧重于描述已发生的事件或其结果,而教育数据挖掘侧重于发现新知识与新模型[4]。

7.2 教育数据挖掘的发展历程

教育数据挖掘并不是近年来才出现的新事物，早在 20 世纪 80 年代就有研究者开始将数据挖掘技术用于教育领域，但受当时的技术水平的限制，所用的挖掘技术主要是统计分析和关联规则算法,且数据多来源于调查问卷和信息管理软件，数据的规模和维度均较小，研究成果并不多。从 20 世纪初开始，随着在线学习特别是 MOOC 平台的出现，教育数据呈几何级数增长，海量的数据为教育数据挖掘提供了充足的数据源，新的挖掘方法与研究成果快速增长。这一时期的数据主要来自于开放和智能的在线学习系统，采用的数据挖掘技术更加多样化。2012 年，美国教育部发布蓝皮书《通过教育数据挖掘和学习分析促进教与学》(*Enhancing Teaching and Learning through Educational Data Mining and Learning Analytics*)，标志着教育数据挖掘已受到广泛关注[5]。

与教育数据挖掘相关的学术会议最早于 20 世纪 80 年代开始举办，可见教育数据挖掘的出现早于学习分析。目前有多个与教育数据挖掘密切相关的重要国际会议，例如，国际人工智能协会在 2005 年和 2006 年连续举办了两届教育数据挖掘专业研讨会(AAAI Workshop on Educational Data Mining)。从 2008 年开始，教育数据挖掘领域的专业会议(International Conference on Educational Data Mining，EDM)开始举办，并每年举办一次。计算机和教育技术领域的高级别期刊，如 *Journal of Engineering Education*、*Computers & Education* 都刊登了大量教育数据挖掘领域的研究成果。

多位学者对近十余年教育数据挖掘领域的研究热点分析的结果表明，该领域的研究大致分为萌芽、兴起和快速发展 3 个阶段。一般认为 2002～2008 年前后是教育数据挖掘的萌芽阶段，这一阶段有研究者开始从技术的视角，尝试探索数据挖掘技术在教育领域应用的可能性。统计和可视化，聚类、分类和离群值检测，关联规则挖掘与模式挖掘，文本挖掘等技术先后被尝试用于处理数字化环境下的学习数据。但这一时期的研究相对零散，总体发文量较少。2008 年在加拿大蒙特利尔召开的第一届 EDM 会议使更多学者开始关注这一领域，成为研究的转折点。2008～2012 年是教育数据挖掘研究的兴起阶段，这一时期技术具有更明确的针对性，以已有的技术模型和方法评估学习者的学习过程，并尝试对学习绩效进行预测进而发现潜在的问题成为这一时期研究的重点[6]。例如，探索数据挖掘技术对学习者课堂复杂行为的预测作用、探讨基于数据挖掘的学习评价方法、探讨大数据在知识发现和决策支持方面的应用等。2010 年 Romero 等编写了第一本关于教育数据挖掘技术的专业书 *Handbook of Educational Data Mining*[7]，2012 年美国教育部发布了蓝皮书[5]，这些都标志着教育数据挖掘的研究开始进入系统阶段。2013 年以后，学习分析研究逐渐受到关注，虽然学习分析和教育数据挖掘在研究取向上不同，但两者在研究议题上又极为相似。两者的相互支撑和融合发展，使得对学习过程的关注和对基于数据的检测及自适应学习路径的探索成为这一阶段的研究热点，改善学习成效和学习体验的目标更清晰。

7.3　教育数据挖掘的工作流程

从数据挖掘的角度看，教育数据挖掘的工作流程包含了预处理、数据挖掘和评估 3 个阶段[8]；从教育的角度来看，这是一个从教育环境产生的数据中发现知识，再利用这些知识来改善教育环境的循环过程[9]，如图 7.2 所示。

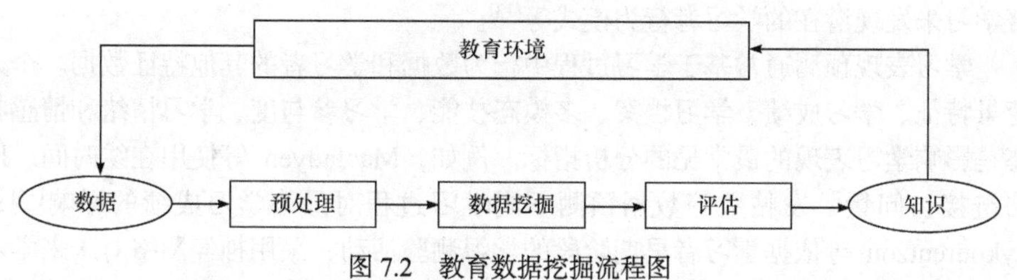

图 7.2　教育数据挖掘流程图

数据预处理包含数据清洗、数据集成、数据规约、数据变换等过程，特征选择、数据平衡等技术常被用于预处理教育数据。教育数据由于其本身的复杂性、高维性、不平衡性等特征，因此导致预处理是一件重要而且复杂的工作，直接关系到后续工作的质量和效率，有研究表明数据预处理时间常常占教育数据挖掘解决问题总时间的一半以上[4]。

数据挖掘阶段常用的技术包括分类与回归、聚类、关联规则、推荐等方法，即便是相同的算法在教育领域内也有不同的应用场景。例如，分类、回归和聚类常被用于预测学习成绩、学习风格、判断辍学风险等，关联规则和推荐算法常被用于个性化学习资源推荐等。

在数据挖掘中，实验数据通常会被分为 3 个部分，即训练集、验证集和测试集。测试集用以评估模型的性能。以分类算法为例，常见的评估分类器性能的度量指标有准确率(accuracy)、召回率(recall)和精度(precision)等，此外，其他指标如Kappa 系数，ROC 曲线下方面积(area under curve，AUC)等也常用于评估算法性能。

7.4　教育数据挖掘在学习行为分析中的应用

教育数据挖掘在学习效果预测、个性化学习资源推荐、学习行为分析、自适应学习等领域均有广泛应用。其中，学习行为分析是教育数据挖掘的重要应用领域。学习活动数据流中的行为模式发现、基于学习活动过程数据的学习表现预测是教育数据挖掘在学习行为分析中的主要应用点。

学习行为模式发现常采用无监督学习方法，从非线性和非结构化的学习活动数据流中探测个体或群体的行为模式特征。例如，对教育游戏中的学习者言语行为进行自动发现和分类，为进一步的及时反馈和学习支架提供支持[10]。又如，对学习者在游戏化学习场景中的表现进行聚类分析，通过行为表现对学习者进行分类[11]。相关研究者诸如 Luna 等提出了一种优化的进化算法用于挖掘 Moodle 平台上学习者学习行为的关联性[12]，Geigle 等在单层隐马尔可夫模型(hidden Markov model, HMM)的基础上添加了一层 HMM，通过对大量学习行为观察序列的无监督学习来发现潜在的学习者行为模式等[13]。

学习表现预测通常基于学习过程中行为数据和学习者的其他特征数据。个人背景特征、学习成绩、学习档案、多模态技能、学习参与度、学习情绪和情感状态是影响学习表现的最常见的分析指标。例如，Macfadyen 等使用在线时间、网络链接访问量、发帖数等数据预测不同学习过程对最终学习成绩的影响[14]；Lykourentzou 等依据学习者早期阶段的学习测验活动，采用神经网络对未来学习表现进行动态预测分类，为教师建构差异化学习指导提供依据[15]等。

参 考 文 献

[1] 李婷，傅钢善. 国内外教育数据挖掘研究现状及趋势分析[J]. 现代教育技术，2010, 20(10): 21-25.

[2] 李宇帆，张会福，刘上力，等. 教育数据挖掘研究进展[J]. 计算机工程与应用，2019, 55(14): 15-23.

[3] Baker R S, Inventado P S. Educational Data Mining and Learning Analytics: Potentials and Possibilities for Online Education[M]. Veletsianos G. Emergence and Innovation in Digital Learning. Athabasca: AU Press. 2016: 83-98.

[4] Romero C, Ventura S. Data mining in education[J]. Wiley Interdisciplinary Reviews: Data Mining and Knowledge Discovery, 2013, 3(1): 12-27.

[5] Bienkowski M, Feng M, Means B. Enhancing teaching and learning through educational data mining and learning analytics: an issue brief[R]. Washington, DC: US Department of Education, 2012.

[6] 牟智佳, 俞显, 武法提. 国际教育数据挖掘研究现状的可视化分析:热点与趋势[J]. 电化教育研究, 2017, 38(4): 108-114.

[7] Romero C, Ventura S, Pechenizkiy M, et al. Handbook of Educational Data Mining[M]. Boca Raton: CRC Press, 2010.

[8] Romero C, Ventura S, Bra P D. Knowledge discovery with genetic programming for providing feedback to courseware authors[J]. User Modeling and User-Adapted Interaction, 2004, 14(5): 425-464.

[9] García E, Romero C, Ventura S, et al. A collaborative educational association rule mining tool[J]. The Internet and Higher Education, 2011, 14(2): 77-88.

[10] Rus V, Moldovan C, Niraula N, et al. Automated discovery of speech act categories in educational games[C]. The 5th International Conference on Educational Data Mining, 2012: 25-32.

[11] Ruipérez-Valiente J A, Muñoz-Merino P J, Delgado Kloos C. Detecting and clustering students by their gamification behavior with badges: a case study in engineering education[J]. International Journal of Engineering Education, 2017, 33(2-B): 816-830.

[12] Luna J M, Romero C, Romero J R, et al. An evolutionary algorithm for the discovery of rare class association rules in learning management systems[J]. Applied Intelligence, 2015, 42(3): 501-513.

[13] Geigle C, Zhai C. Modeling MOOC student behavior with two-layer hidden markov models[C]. The Fourth (2017) ACM Conference on Learning, 2017: 205-208.

[14] Macfadyen L P, Dawson S. Mining LMS data to develop an “early warning system” for educators: a proof of concept[J]. Computers & Education, 2010, 54(2): 588-599.

[15] Lykourentzou I, Giannoukos I, Mpardis G, et al. Early and dynamic student achievement prediction in e-learning courses using neural networks[J]. Journal of the American Society for Information Science and Technology, 2009, 60(2): 372-380.

第 8 章　学习行为分析相关产品

采集学习行为及其他学习相关数据，通过学习分析和教育数据挖掘对学习者的学习情况进行早期预警，衍生出一系列产品，其中最具代表性的有普渡大学开发的课程信号系统，卧龙岗大学开发的社会网络适应性教学实践系统等。随着学习管理系统的功能日益强大，目前市面上绝大多数学习管理平台也能够提供基于数据分析的学习预警。

8.1　普渡大学课程信号系统

课程信号系统(course signals)是普渡大学 2007 年开发的学习分析工具。该工具对学习者的评价主要依赖于学习者个人特征、既往学习历史、努力程度和课堂表现四个要素，共二十余个采样维度。其中，学习者的个人特征主要包括学习者的性别、年龄等基本信息；既往学习历史主要包含学习准备情况、高中平均成绩、标准化考试成绩等；努力程度通过学习者在普渡大学 LMS Blackboard Vista 平台中的互动情况反映，通过基于同伴间的相互比较来体现；课堂表现用当前在课程中获得学分的百分比表示。课程信号系统采用的分析方法是基于 John Campbell 的加权算法开发的，上述与学习者相关的数据都被加权然后投入分析系统进行计算，最终以三种形式呈现分析结果：绿色信号灯，表示本课程的学习很有可能成功；黄色信号灯，表示学习存在潜在的隐患；红色信号灯，表示学习者本课程的学习存在较大问题，很有可能失败。最早在课程的第二周结束时，课程信号系统就能标记出可能会不及格的学习者，便于教师及时采取合适的干预措施。

根据分析结果，教师可以选择如下几种调控方式来促进学习者的学习：在学习者的学习管理系统主页中呈现信号灯信息、给学习者发送邮件提醒、给学习者发送短信、为学习者提供相关资源、与学习者进行面对面交流等。与传统的评价方法相比，课程信号系统从四个方面评价学习风险，每个学习者的风险都由各自的学习情境决定，能对学习者的学习情况有更全面的考量。该系统基于表现、行为和学习准备情况的数据为每个学习者创建了特定的风险指标，一方面对学习者的评价更合理，另一方面，教师可以更准确地定位到学习者的问题。

课程信号系统 2007 年在普渡大学开始试行部署，2009 年春季实现了课程学习的自动化预警，2010 年和高等教育机构 SunGard 合作，将该系统推广到其他高校，到 2012 年，使用课程信号系统的学习者达到 24000 人，教师超过 145 人。

根据“霍索恩效应”的原理，当学习者能收到更多关于他们当前状态的反馈时，他们的学习就会更顺利，学习效果也会更好。从普渡大学对课程信号系统使用情况的调查结果来看，使用课程信号系统的课程实现了成绩的大幅提高，不满意率和辍学率减少。由于课程间存在差异，总体来看，获得课程成绩 A 和 B 的学习者增加了 2.23%～13.84%，获得 C 的学习者下降了 1.84%～9.38%，获得 D 和 F 的下降了 0.59%～9.40%。针对同一门课程的课程考核显示，使用课程信号系统的学习者获得的 A 和 B 成绩的比例与未使用该系统相比提高了 10.37%，使用课程信号系统的学习者的获得 D、F 的成绩数量与未使用该系统相比下降了 6.41%。在提高学习成绩的同时，课程信号系统也降低了学习者的辍学率。调查结果表明至少使用过一次课程信号系统辅助学习的学习者保留率明显高于没有使用过该系统但在同一学期入学的学习者。此外，使用课程信号系统辅助学习达两次或两次以上的学习者比只使用过一次的学习者保留率更高。

学习分析的主要目标之一是发现学习状况不佳的学习者，并尽早干预，让他们有机会改变自己的学习行为。基于这个目标，课程信号系统的开发团队从试点阶段开始就密切跟踪学习者使用该系统的经验，每学期结束时，会收集学习者的匿名反馈。总体上，学习者对课程信号系统的使用体验是积极的，呈积极态度的学习者占比达 89%，58%的学习者表示他们愿意在每门课程中使用课程信号系统。大多数学习者认为系统自动生成的电子邮件和预警促进了他们和教师之间的个别化交流，通过课程信号系统他们知道去哪里寻求帮助，74%的学习者表示，该系统对他们的学习动机有积极影响，并改变了他们的学习行为。

课程信号系统不仅让学习者受益，这种基于数据的及时反馈也能帮助教师调整自己的教学。利用学习分析工具，教师可以在课程学习的早期阶段提供以行动为导向的积极反馈，这对刚入学的学习者尤其有利。因为学习分析系统能够早期实时地评估风险，教师们可以了解到不同学习者的学习情况并不断地采取措施，最终学习者可以从中受益。如果一位教师在课程信号系统中发现大量的学习者被亮红灯，此时应该及时审视问题出在什么地方，了解学习者有哪些知识没有搞懂，一方面可以及时采取补救措施，另一方面，下次再讲授这门课时，可以采纳相关意见，做出改进，从这个意义上看课程信号系统不仅是一种学习分析工具，更是一种以数据改进教学的工具。教师们反映，由于课程信号系统的干预，学习者往往更积极主动。

普渡大学 2012 年将课程信号系统交由 Ellucian 公司进行商业化运作，并更名为 Ellucian Course Signals。而普渡大学也在 2017 年选用 Pivotal 大数据作为底层数据分析工具更新了课程分析系统。更新后的课程分析系统能方便对接门禁等物联网数据，融入其他新数据源，并能够支持实时或准实时的敏捷分析，为学习者提供从进入大学前到整个大学学习过程的全周期、多维度的学习分析。

8.2 基于社会网络分析的适应性教学实践系统

社会网络适应性教学实践系统(social networks adapting pedagogical practice, SNAPP)是由澳大利亚卧龙岗大学的 Shane Dawson 等开发的一个开源的，基于社会网络分析的学习分析工具[1]。该工具从社会网络分析算法出发，研究学习者在论坛中的互动关系，以网络图的形式呈现给教师，便于教师发现课程论坛中的意见领袖和游离于讨论之外的孤立学习者[1]，帮助教师了解学习者的行为模式，为引导和干预奠定基础，并可通过对后续交互的跟踪分析使教师了解干预效果。

学习管理系统的一个重要特征是能够捕获和保留学习过程中的交互数据，从理论上看，如果能访问学习管理系统的数据库获取学习者交互信息，对于学习分析来说是最佳的选择，但由于版权等问题，实际上从学习管理系统中获取系统数据较为困难。但无论是商用的还是开源的学习管理系统，论坛都是可访问的且数据容易抓取。论坛中的各种讨论、留言、跟帖包含了学习者之间发生的学习交互行为，发帖者和应答者、时间戳和消息主题等，都可以成为构建社会网络所需的数据。SNAPP 从学习论坛入手，将论坛中的参与者作为网络中的节点，用帖子的回复情况作为两个或多个参与者之间建立关系的指标，提取建立社会网络关系所需的数据，用可视化的方式展示论坛中发生的交互。

例如，图 8.1 显示了两个具有相似深度和结构的独立课程论坛，但论坛中学习者之间的交互行为存在较大差异，提取论坛数据并将其可视化为图形表示，能让教师很方便地对学习活动的结果进行评估。图 8.2 则展示了含 4 位学习者参与、7 条交互信息的课程论坛到社交网络图的转换[2]。

SNAPP 实现的是从论坛结构推断社会网络的过程，每个参与论坛交流的学习者都有一个唯一的标识符，作为网络中的一个节点，用两个节点之间的交互频繁度作为关系强度的指标。SNAPP 最初的设计目的是从毕博(blackboard)和网络课程工具(web course tools，WebCT)的论坛中提取发帖和回复的互动，因此它不仅能对接主流的学习管理系统，而且可以方便地嵌入浏览器使用，具有轻量级的特性。其数据格式符合主流社会网络分析工具的规范，数据导出后可以方便导入更专业的社会网络分析工具(如 NetDraw)进行更复杂的分析，得到更详细的分析结果。综合来看，SNAPP 具有以下特点。

(1) 支持多种主流学习管理系统和浏览器。社会网络适应性教学实践系统设计的主要目标是从课程论坛中提取学习者交互行为，作为一个独立于学习管理系

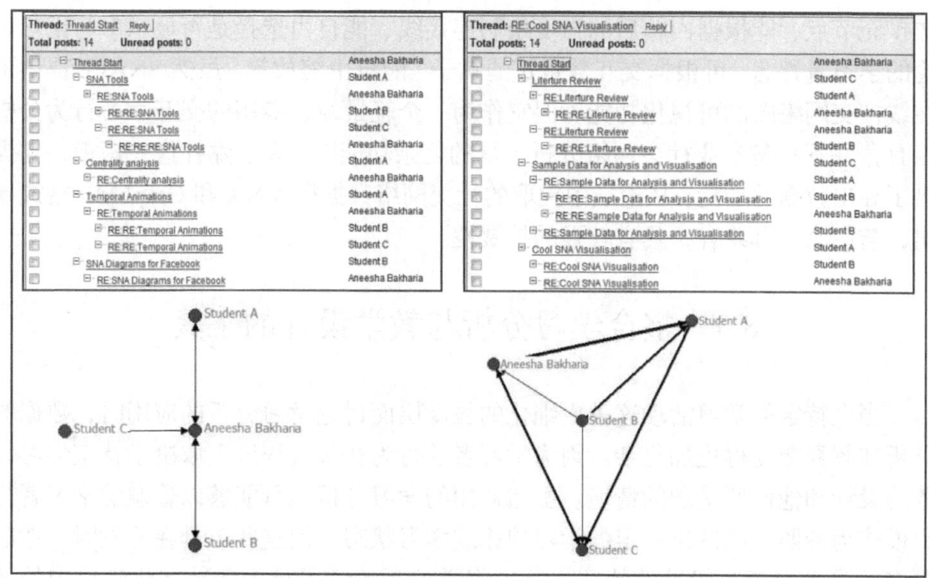

图 8.1　论坛的结构和社交关系可视化展示

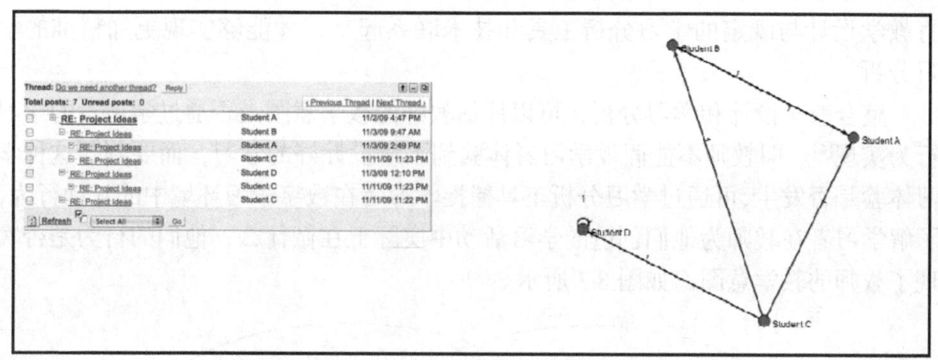

图 8.2　论坛回复的信息与社交网络展示对比

统之外的软件，需要考虑与多种学习管理系统的兼容性，因此该工具设计为浏览器插件的形式，可支持 IE、Firefox 和 Safari 浏览器，支持 Windows 和 Macintosh 操作系统。它可支持的学习管理系统包括 Blackboard、WebCT 和 Moodle 等。

(2) 实时的数据分析。SNAPP 可以实时进行数据提取和分析，它能自动地从学习管理系统的论坛中提取学习者交互行为数据，生成实时交互的网络结构图。当学习者访问论坛并发帖时，会触发程序的运行，网络结构图会发生实时的变化，实现数据的实时分析。

(3) 与主流社会网络分析工具兼容。社会网络适应性教学实践系统集成了社会网络分析工具 NetDraw 的核心功能并提供各种布局算法，包括能根据论坛帖子数扩充节点、能根据回帖后的强度绘制连接线、能自由选择是否显示参与论坛讨论的学习者姓名、可根据交互数量过滤帖子、能自由缩放等。虽然 SNAPP 提供了在线社交网络图的可视化功能，但它作为一个轻量级、专用的交互学习行为分析工具，并不具备专业社会网络分析工具的复杂功能[3]，为了弥补这一短板，它提供了导出数据的功能，从论坛中提取的社交网络数据以 VNA 和 GraphML 格式导出，与主流工具兼容，具有较强的扩展性。

8.3 整合学习分析与教学设计的工具

当在特定的学习活动这种更细化的粒度层面讨论学习分析的应用时，数据的分析和解释会变得更加复杂。因为学习者的行为在很大程度上取决于特定学习任务的设计和他们所呈现的情境。虽然通用的学习分析工具能够以普遍的学习者行为模式为参照，归纳出一定的学习规律或学习状态，但这些工具在开发时，考虑更多的是学习者一般性的特征，并未将学习者的学习行为和数字化环境中的教学设计结合起来。实际上不同的教学活动设计所导致的学习行为具有较大差异，将教学设计与既定的学习分析工具和技术联系起来，才能够实现更加精准的学习分析。

整合教学设计和学习分析，可以评估教师的教学意图是否通过学习者的学习行为实现[4]。即教师不能假设学习者体验到了所设计好的学习，而要判断这种学习体验是否发生，可通过学习分析工具捕捉学习者在数字学习环境中的互动行为，了解学习者在教师为他们创造的学习活动中实际上在做什么，他们的行为是否实现了教师的教学意图，如图 8.3 所示。

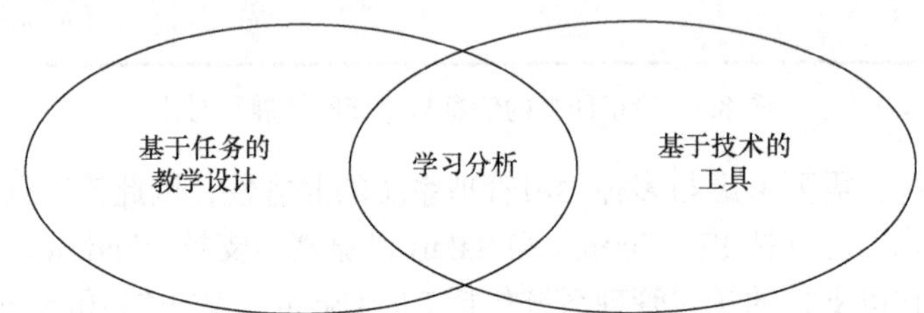

图 8.3 教学设计和学习分析整合模型

鉴于上述原因，在澳大利亚政府学习与教学办公室的主导下，以墨尔本大学为主力开发了一个新的学习分析系统——完成循环工具(the completing the loop tool，Loop Tool)。该系统的目的是通过向教师返回有意义的学习分析数据，为教学干预提供信息，弥合教师和学习者之间的反馈循环。系统的设计思想受到 Laurillard 提出的对话框架的启发[5]，这一框架认为，学习者的学习过程需要由师生之间的互动、对话和反馈的迭代循环来支持。当一个学习活动由教师设计并呈现给学习者时，学习互动就开始了。学习者通过各自对学习活动的理解参与到活动中(例如，阅读学习资源、参与讨论等)。学习者参与活动的行为为教师提供了教学效果的反馈，教师据此进行反思和行动，这些行动包括：再现学习材料、提供某种形式的补救、向学习者提供进一步的建议等，教师的反思和行动启动一轮新的循环[6]。Loop Tool 工具包含四个使用过程，如图 8.4 所示。图中，首先教师(T)设计并向学习者(L)展示材料或活动；然后学习者通过学习行为参与其中；学习者随后根据他们目前的理解对材料或活动做出反应；最后，在开始新的循环之前，教师对学习者的活动进行反馈并采取行动，在新的循环或循环中，教师可以根据上一轮循环的结果选择重新呈现材料或活动、采取干预措施。

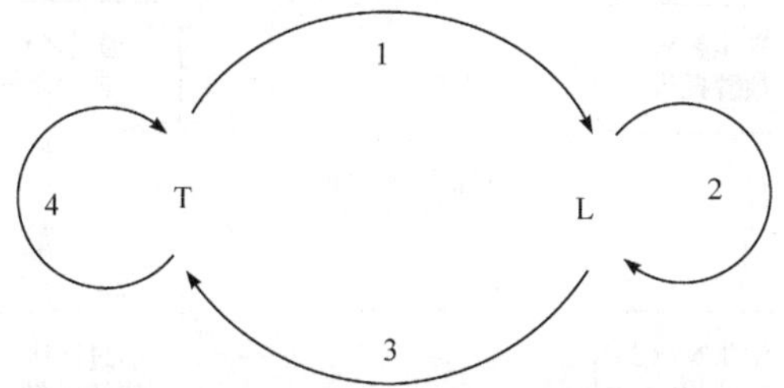

图 8.4　Laurillard(2002)对话框架的简化版本

Loop Tool 工具的开发是为了将教师的教学意图(通过教学设计来表达)与学习者的学习过程(通过学习分析来捕获)结合起来。因此该工具包括两个主要元素：一个教学辅助工具和一个学习分析工具。教学辅助工具使教师能够清楚地表达学习结果、学习设计和使用的学习技术之间的联系。学习分析工具通过分析学习管理系统中的数据，将学习者与学习管理系统之间的交互以图形化的形式呈现，为教学反思和教学设计服务，改善学习体验和学习效果。

8.4　海星异常早期预警系统

海星公司提供的早期预警系统(starfish early alert system)是欧美国家大学广泛采用的专业学习数据分析系统，它分析的数据来源不局限于学习者在某个课堂上的行为表现，还包括学习者在校期间的整体学习情况。海星系统的建设目标是尽快识别“有风险”的学习者，并及时将学习者引导至可以帮助他们的支持服务机构。因此海星早期预警系统通常由学生成功中心负责部署和管理。为了从学习平台获取学习行为数据，海星早期预警系统能够对接毕博、Canvas 等学习平台。根据预设条件，如果在海星系统中有超过 3 个警报活动(例如，课程成绩平均低于 70 分位水平；在课程开始日期的 3 天内未能登录在线课程；缺席 2 个以上的课程等)，即认为该学习者存在学习风险，系统自动以邮件、消息推送等形式早期预警。除了推送警报信息，该系统还提供表扬的推送，当学习者取得学业进步，或表现出积极的学习行为时，教师同样可以推送表扬信息以激励学习者。

海星早期预警系统从向学习者推送预警，学习者通过邮件等形式接收预警，再到启动“成功网络”向学习者提供帮助服务，帮助服务具体内容送达学习者，学习者响应服务，最终反馈得到解决，这些步骤形成向学习者提供预警、帮扶、解决问题的闭环，如图 8.5 所示。

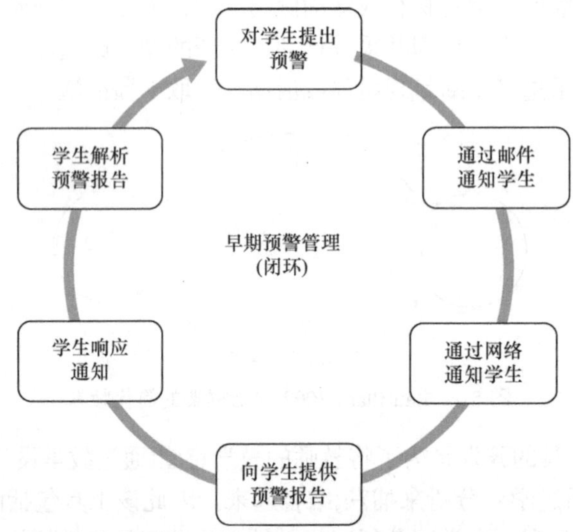

图 8.5　学习异常早期预警管理系统的闭环结构

总的来说，海星早期预警系统虽然是由企业主导开发的学习行为分析系统，其研究性和理论性不及高校主导开发的分析系统，但适用性广、稳定性高、服务面大，实现了学习者学业进展的及时预警、学习帮助资源的精准推送、积极的表扬与鼓励的及时传达。

8.5　学习管理系统自带的学习行为分析模块

实际上很多学习管理系统的提供商也注意到用户对在线学习行为分析的需求，逐步在各自的系统中加入了监控和分析模块。例如，毕博在其系统中集成了“学习行为管理中心”，提供“超期未提交任务”“成绩”“课程活动”“课程访问”四个监控类别，对超过规定阈值的学习者予以标识和预警。Desire2Learn 平台中的学习分析工具 Performance Plus 能够自适应地针对每位学习者进行个性化分析，分析结果以高度图表化的形式反馈给学习者和教师，为存在困难的学习者提供早期的干预，帮助其规避风险。

国内高校常用的超星学习通在其新版的泛雅系统中除了提供课堂报告、学情统计和成绩统计功能外，也增加了学习监控模块。教师可以自主选择需监控的异常学习行为种类，如作业和考试异常行为监控、异常观看行为监控等。系统根据捕捉到异常行为(如考试中的切屏行为)时，记录该异常行为发生的时间、登录的IP、异常原因、异常行为持续的时间等信息，并提供该学习者关联的完整学习行为日志。教师可根据异常行为分析结果和行为日志判断是否向学习者发送预警提醒或将该行为标记为正常。中国大学 MOOC、学堂在线等大规模在线开放课程平台同样提供了用户操作行为监控功能。

比学业预警更先进的理念是基于学习行为分析提出的“自适应学习”概念，由 Jose Ferreira 在 2008 年创办的 Knewton 是一个具有代表性的“适应性学习”工具，对每个用户在 Knewton 系统上的表现和活动都能进行实时的响应。系统通过在正确的时间对每个学习者提供正确的指导，从而使学习者最大化地达到所制定的学习目标。Knewton 平台的基础架构包含三个部分：数据收集与处理组件、推理与评估组件和个性化服务组件。Knewton 平台中的数据模型包含四部分内容：知识图谱、学生事件、目标档案、输出结果。Knewton 的核心原理是项目反应理论，认为学习者的能力参数会随时间而变化，同时，对学习者能力的表征不再局限于某个唯一的参数，而是通过利用聚焦于概念层面的知识图谱来进行评估和表征。

Knewton 假设没有两个学习者是完全一样的，学习者来自不同的教育背景，有着不同的智力程度、注意力范围和学习方式，以不同的速率学习和忘记。通过采用教育路径规划技术和学习者能力高级模型实现对每一个学习者的特点都敏感的实时推荐引擎，以保证他们都能通过课程材料以最大化的学习方式来实现不断的进步。2011 年 1 月，亚利桑那州立大学开始使用 Knewton 的自适应技术开设《发展数学与混合学习》课程[7]。使用 Knewton 后，退出课程的学习者比例从 13%下降到 6%，合格率从 66%上升到 75%[8]，学习效果提升明显。

参 考 文 献

[1] Bakharia A, Heathcote E, Dawson S. Social networks adapting pedagogical practice: SNAPP[J]. The Australasian Society for Computers in Learning in Tertiary Education, 2009, (1): 49-51.

[2] Dawson S, Bakharia A, Heathcote E. SNAPP: realising the affordances of real-time SNA within networked learning environments[C]. The 7th International Conference on Networked Learning, 2010: 125-133.

[3] Cross R, Borgatti S P, Parker A. Making invisible work visible: using social network analysis to support strategic collaboration[J]. California Management Review, 2002, 44(2): 25-46.

[4] Ellis R, Goodyear P. Students' Experiences of E-learning in Higher Education: The Ecology of

Sustainable Innovation[M]. New York: Routledge, 2009.

[5] Laurillard D. Rethinking University Teaching: A Conversational Framework for the Effective Use of Learning Technologies[M]. London: Routledge, 2002.

[6] Australia S. Completing the loop: returning meaningful learning analytic data to teachers[R]. Melbourne: Australian Government Department of Education and Training, 2016.

[7] Olster S. Is the google-fication of education underway?[Z]. Fortune. New York. 2011.

[8] Upbin B. Knewton is building the world's smartest tutor[Z]. Forbes Magazine. New York. 2012.

第 9 章 异常学习行为及识别

无论是传统的调查研究法还是教育数据挖掘，又或者是学习分析技术，目标都是归纳学习规律，发现学习异常。因此，异常学习行为识别是上述各类学习行为分析方法的主要应用点。本章将从异常学习行为的界定、学习行为特征数据采集方法、异常学习行为识别方法及异常学习行为的个体化差异 4 个方面探讨什么是异常学习行为，数字化学习环境下的异常学习行为有哪些，以及当前常用的异常学习行为识别方法。

9.1 异常学习行为的界定

不同学习者、不同学习环境下，学习行为不尽相同。数字化学习环境下，学习行为有着与传统面对面环境截然不同的表现。异常学习行为识别的首要任务是界定什么样的行为是异常的。

9.1.1 行为

行为在汉语词汇中的基本意思是举止行动，指受思想支配而表现出来的外显性活动。不同的学科领域对行为的界定各不相同。

生物学中的行为指的是有机体在与环境的相互作用中所表现出来的与生理、心理活动紧密相连的运动、动作、反应和活动。生物学中的行为有 3 个要素：姿势、动作和环境[1]。

社会学中的行为指的是人类在生活中表现出来的生活态度及具体的生活方式，它是在一定的条件下，不同的个人或群体表现出来的基本特征，以及对内外环境因素刺激所作出的能动反应。社会学通常将行为分为外显行为和内在行为两类。外显行为是能被他人直接观察到的行为，如动作、语言等；内在行为则正好相反，是不能被他人直接观察的行为，包括意识、思维活动等。社会学中的行为包含 5 个基本要素，即行为主体、行为客体、行为环境、行为手段和行为结果。

心理学中的行为指的是有机体在各种内外部刺激的影响下产生的活动。不同心理学分支对行为的研究切入角度不同，生理心理学主要从激素和神经的角度研究有机体行为的生理机制；认知心理学主要从信息加工的角度研究有机体行为的心理机制；社会心理学则从人际交互的角度研究有机体行为和群体行为的心理机制。

行为科学理论认为，行为是个体围绕着一个目标或一项任务，在所处环境中有目的进行活动并与环境交互所形成的表现。行为科学主要是对外显行为活动的研究，它认为行为研究的两个重要指标是可观察和可测量。可观察是指行为能够直接被他人所看到；可测量是指行为能够通过量化的数据如时长或次数来进行衡量。

9.1.2 学习行为

学习是获得新的理解、知识、行为、技能、价值观、态度和偏好的过程[2]，在本书 1.1 节中详细阐述了学习的内涵。广义的学习是指人与动物在生活过程中凭借经验产生的行为或行为潜能的相对持久的变化；次广义的学习指人类的学习；狭义的学习专指学习者的学习[3]。本书所指的学习，是狭义的学习。

学习行为指在学习过程中发生的各种和学习相关的行为。学习行为既包括可观察、可测量的外显行为，也包括内隐的思维活动。学习行为的主体是学习者，客体是学习对象(包括学习资源、操作对象等)，学习行为发生的环境包括学习场所、学习规则等[4]。对学习行为的分析，目的在于早期干预，降低未来学业失败的风险，提高学习成绩。对学习行为的研究通常包含学校行为和课堂行为两个层面。典型的对学校学习行为的研究主要有 NSSE 等针对学校学习投入的大规模调查，其中包含对主动合作学习水平、师生互动频度等行为投入指标的调查。对课堂行为的研究则更为丰富，除以自我报告和教师观察的形式采集数据外，在课堂教学富技术化趋势下，基于视频数据、声纹数据的行为识别、姿态识别、语音识别等技术被广泛用于课堂学习行为的分析。

9.1.3 数字化环境下的学习行为

数字化环境下学习行为指的是发生于数字化环境中，与学习相关的各种行为。数字化环境下学习行为的主体仍是学习者，客体主要是数字化学习资源，学习行为发生的环境为网络、虚拟空间、智慧教室等数字化学习环境，外显行为主要体现为数字化环境下的各种操作行为。因学习行为发生的环境与传统面对面学习完全不同，因此数字化环境下学习行为的外显特征及影响行为的因素都与面对面学习有显著差异。

MOOC 是典型的数字化学习环境，以 MOOC 为例，学习行为包括访问网页、观看学习视频、参加线上讨论、完成作业、检索资料等各种以网络空间为学习场所，以完成学习任务为目标的行为。辍学是 MOOC 学习面临的最大问题，辍学本身也是异常学习行为的一种。Yang 等研究者对 MOOC 辍学问题进行了分析，发现参与 MOOC 学习活动，如在论坛发帖等，降低了辍学的可能性[5]。Breslow 等的研究同样表明，大多数获得课程证书的学习者都积极地在课程论坛上发帖，这表明某些学习行为是成功完成 MOOC 学习的指示[6]。

9.1.4　学习行为分类

传统面对面学习中，对广义学习行为(含教学行为)的研究很早就出现了。布鲁姆在教育目标分类中虽然没有明确提出学习行为的种类，但其目标分类与对应的认知过程，实际上已经指出了与学习目标相关联的各种不同类型的学习行为[7]，安德森对目标的细化和提供的具体评估样例和形式，则更清晰地描绘了各种类型的学习行为[8]。

加涅认为，学习的出现是指学习者被置于“学习情境”中的前后行为发生了某种可以观察到的变化[9]。他所指出的 5 种学习结果，实际上是对学习者的学习行为进行推导和归纳的结果，在一定程度上反映了不同的学习行为类别。梅瑞尔在成分显示理论中提出从行为水平和内容类型两个维度对认知领域的学习结果进行分类。他认为学习行为的表现，包括“记忆、应用、发现” 3 种水平，这 3 种水平与“事实、概念、程序和原理” 4 种教学内容组合、精简后构成的 10 种教学活动成分可以看作 10 种类别的学习行为[10]。Miserandino 从学习投入的角度认为，学习行为包括参与、坚持、逃避、无助、参加讨论、集中[11]6 个类别。Fredricks 等提出学习中的表现应包含努力、坚持、专注、提问、参与讨论等行为[12]。

陈佑清依据学习行为所指向的对象和领域，将学习行为分为：符号性学习行为、操作性学习行为、交往性学习行为、观察性学习行为和反思性学习行为[13]。符号性学习行为指的是以用文字、图像、声音等符号形式承载的文化科学知识为加工对象的学习行为，主要表现为对符号性知识的听、说、读、写、算、记等。操作性学习行为指的是以某种实际事物或学习者自身的身体器官为操作对象的学习行为，如实验、游戏、绘画、演奏、劳动、制作、跳舞、表演、各种体育活动等。交往性学习行为则是以他人为互动对象的学习行为，主要表现为与他人进行对话、交流、讨论、合作等。观察性学习行为是以感官可见的实际事物、他人的行为表现及结果为观察对象的学习行为，包括在活动现场直接观察，如考察、见习等，或利用媒介进行间接观察，如观看电视、录像、影片等。反思性学习行为则指的是以学习者自身的生活经历、经验或身心结构为思考对象的学习行为，其行为对象为学习者自身，常表现为自我反思、反省、评价等。

数字化环境中，对学习行为的研究或以外显性行为，如网络学习平台记录的行为日志数据作为研究对象；或以内隐性行为，如学习平台留言、跟帖、课程评论数据等作为研究对象。彭文辉提出的学习行为 OCCP 分类模型和“S-F-T”三维分类模型，将网络学习行为视为包含行为的结构层次、行为的功能层级和行为的方式层级的三维向量，将行为的结构从低层到高层分为操作行为、认知行为、协作行为、问题解决行为4个层次。Angelino等提出在线学习行为应包含积极参与、交互学习、合作学习3个类别[14]。Hamane认为在线学习行为应包含师生交互、主动学习、合作学习、尝试反馈、多样化经验、任务时间等[15]。李爽等提出在线学习行为投入框架包括参与、坚持、专注、交互、学术挑战、自我监控[16]，刘清堂等认为在线学习行为应包含参与、专注、坚持、交互[17]。

9.1.5　异常学习行为

异常学习行为(anomaly learning behavior)即偏离正常规律，可能会导致学习问题甚至学习失败的学习行为。从学习者个体的角度看，异常学习行为是和他平时学习行为存在较大差异的一系列行为；从学习者群体角度看，异常学习行为是与大多数学习者学习行为规律不符的行为。目前国内外文献中缺少对异常学习行为的明确定义，大多数文献关注的是一个与之相近的概念——问题学习行为。医学和心理学中关心的“问题学习行为”常被称为“problem learning behavior”，多指“注意力缺陷障碍”“学习行为障碍”等生理上、心理上疾病的外在表现，如学习困难、学习失能等，与之相关的英文描述包括“classroom behavior problems”“behavior issues”等[18]。

教育学中关注的“问题学习行为”多从课堂教学的角度出发，更强调影响自身或他人进行有效学习的行为。例如，将“问题学习行为”界定为违反课堂规则、纪律及秩序，妨碍或干扰自己及他人的课堂学习和教师课堂教学活动的进行，对教学效率与质量造成消极影响的行为[19]。也有学者认为，“问题学习行为”可以更宽泛，包括课堂上的不文明、不恰当行为，如迟到、早退、玩手机、作弊等，与之对应的英文描述包括“problematic student behavior”“disruptive student behavior”等[20-22]。

9.1.6　数字化环境下的异常学习行为

数字化环境下的异常学习行为包括：学习逃离、学习行为缺失、网络辍学等。与“异常学习行为”类似，国内外文献中同样缺少对数字化环境下异常学习行为的明确定义。仅彭文辉在2014年提出“网络问题学习行为”的概念。他认为，网络问题学习行为(problem learning behavior)是指在网络学习过程中所表现出来的不符合正常学习规范、不满足正常学习要求的并影响自身或他人进行有效学习的行为[23]。例如，各种学习分心现象、随意无目的地在网页间游走甚至迷航等，这些问题行为造成了学习效率低下，学习质量降低甚至学习中断。

考虑到“问题学习行为”与医学和生理学中的概念容易混淆，本书认为“异常学习行为”的提法更准确，因此本书将数字化环境下的异常学习行为界定为在数字化环境中，偏离正常学习行为的行为。该行为不是由于生理或病理性心理因素造成，不涉及学习障碍，但通常会影响学习者个体的学习质量。该定义与彭文辉定义的“网络问题学习行为”较为接近。异常学习行为并非孤立或突然产生，通常在学习者的行为中有迹可循。找到能够准确反应数字化环境中学习者学习状态的行为特征，依据行为特征的异常改变，就能够发现异常学习行为，更进一步甚至能够预测可能出现的异常学习行为。

9.2　学习行为特征数据的采集

可观察、可采集的学习行为特征是异常学习行为识别的基础。数字化学习环境下，大多数时间师生时空分离，学习依赖于学习者的自主行为，教师难以通过观察的方法实时掌握学情。但同时，数字化平台可以记录更丰富、细粒度的学习行为数据，学习分析技术和教育数据挖掘均以数据为基础，如何在海量数据中提取具有较强指示性的学习行为特征是得到准确结果的关键。在不同的学习环境下，有不同的学习行为特征获取方法，以不同方法获取的学习行为特征又有其各自的特点和适用性。传统面对面学习环境中，观察法是最典型的学习行为特征获取方法；在数字化学习环境中，学习管理系统的日志数据是提取学习行为特征的主要来源；而基于调查的数据则适用于各种不同的学习环境，但数据有较大的主观性，且一般是通过学习行为投入来间接测量。

9.2.1　基于观察的学习行为特征采集

在面对面学习中，最常用到的学习行为提取方法是弗兰德斯互动分析系统(Flander’s interaction analysis system，FIAS)。该系统主要采用观察法采集师生言语互动数据，将课堂上的言语互动分为：教师言语、学生言语、沉寂或混乱(无有效言语)三大类共 10 种行为，分别用编码 1～10 表示。弗兰德斯互动编码系统基于以下事实：面对面课堂教学以教师“教”为主，教师是信息的传递方，学习者是信息的接受方，学习者的学习是被动接受的；课堂中的行为主要是教师的“教学行为”而非学习者的“学习行为”；言语行为是课堂中的主要教学行为，占所有教学行为的 80%左右。

除弗兰德斯互动分析系统外，本书在第 5 章归纳的学习行为量表 LBS、学前学习行为量表 PLBS、学会学习量表 LTLS 等同样是基于观察的学习行为特征采集工具。

9.2.2　数字化环境中的学习行为特征采集

数字化环境中的学习行为与面对面课堂差异极大。首先，绝大部分数字化环境中学习的组织形式是以“学”为主，教师不再是课堂的主导，而是扮演组织、引导、创设、评价、答疑、总结的角色，因此数字化环境中的学习以学习者的“学习行为”为主导，教师“教学行为”占比较少；其次，言语行为在数字化学习环境中几乎可以忽略不计，取而代之是文本性交互、学习平台操作等行为。

近十年学习管理系统在高校的广泛应用，积累了大量学习过程数据，隐含丰富的学习行为特征。这些基础特征既包含登录次数、点击次数、学习时长、发帖量等量化指标，也包含发帖内容、主观性答题结果等文本数据。

李爽等学者采用文献研究的方法对 1967～2015 年的 40 篇相关文献进行了分析，认为绝大多数文献中对学习行为特征的描述可归纳为参与、专注、交互、学术挑战、坚持和自我监控六个维度，尤其是前三个维度采纳频率更高。其中，坚持和专注被很多学者认为是反映学习者努力程度的行为特征维度；学术挑战和自我监控被认为是与认知投入密切相关，体现学习者学习策略使用的特征维度[16]。考虑到专注和坚持两个维度可以合并为绩效努力，且并不是所有网络课程都具有学术挑战性，该特征维度列入可选项，因此网络学习行为特征还可以精简为五维度——参与、交互、绩效努力、自我监控、学术挑战或者四维度——参与、交互、绩效努力、自我监控[24]。

刘清堂团队在对教师在线研修行为的研究中认为，学习行为可以划分为参与、专注、坚持、交互四类指标[17]。张思在对网络学习空间中学习者学习投入的研究中认为，在线学习投入可分为参与、专注、规律、交互四个维度[25]。吴林静则依据学习者与学习系统、学习资源、教师和学习同伴三大类基本要素之间的相互关系，将数字化环境下学习者的学习行为划分为独立学习行为、系统交互行为、资源交互行为、社会交互行为四类，这种划分方式更强调学习者与学习要素之间的行为交互[26]。

马志强从学习行为的社会性角度将学习行为划分为个体学习行为和社会性学习行为两类。个体学习行为指的是学习者个人独立开展学习的行为，如登录、浏览、观看、提交作业等；社会性学习行为指的是学习者与网络中他人交互的行为[27]，包含在线讨论、协作等[28]。兰丽娜、勾学荣等根据数据特点及其对学习效果的作用进行归类，定义了评价学习行为的六要素：学习动力、学习态度、学习效率、学习毅力、创造思维、学习方法[29]。吴绍靖等参考了现有学习行为分类指标，结合数字化学习平台的功能，认为学习行为的主要维度指标可划分为：学习投入、课堂参与、交流讨论三类[30]。李小娟等以依托清华教育在线网络综合平台开展的混合教学实践课程为研究对象，将学习行为操作归纳为课程阅读行为、总结反思行为、互动交流行为、研究协作行为四类[31]。

学习行为特征的选取与具体的研究问题及学习发生的具体情境相关，除通过学习管理平台的系统数据提取行为特征外，当前的学习行为特征数据的采集趋于多模态化(如 6.5 节所述)，麦克风、摄像头等多媒体设备和眼动仪、皮肤电、脑电等可穿戴设备的应用，极大丰富了数字化学习环境中学习行为特征的采集范围。

9.2.3 基于调查数据的学习行为特征采集

以调查研究的方法获取学习行为数据时，学习行为常通过“学习行为投入”来测量，学习行为投入通常作为学习投入量表的子量表或某些维度出现。学习投入一般被归纳为行为投入、情感投入、认知投入三类，国内外学者开发了多种量表用于研究学校学习层面的学习投入和课堂层面的学习投入。

这些量表通过学习者自我报告的形式反馈他们的注意力、课堂准备、课堂参与、学校活动参与、努力、坚持、遵守课堂规则等行为。广泛使用的量表包括针对学校学习投入的“全美学生投入调查 NSSE”及其在不同国家和地区衍生出的系列量表，如澳大利亚学生投入调查 AUSSE、南非学生投入调查 SASSE 及针对中国大学生的学习投入调查的项目 NSSE-China 等。针对课堂学习投入的量表有乌勒支学习投入量表 UWES-S，学生课堂投入问卷 SCEQ，远程课程互动质量评估准则(rubric for assessing interactive quality of distance courses, RAIQDC)，学生投入课堂调查(classroom survey of student engagement, CLASSE)，网络学习投入量表 OSE 等。上述测量工具在本书第 5 章做了详细介绍，此外其他一些测量学习投入的量表也通常会包含学习行为投入测量的题项。将常见包含学习行为投入分量的测量工具及其题项归纳为如表 9.1 所示。

表 9.1 包含学习行为投入分量的量表

工具	行为投入分量(项数)	题项示例
4-H study for positive youth development[32]	参与(5)	I complete homework on time
	努力(5)	I work hard to do well
attitudes towards mathematics survey (ATM)[33]	自我调节(12)	“Before a quiz or exam, I plan out how to study the material.”
	坚持(9)	“If I have trouble understanding a problem, I go over it again until I understand it.”
engagement versus disaffection with learning (EvsD)[34]	行为投入(5)	“When I’m in class, I just act like I’m working.”
	行为背离(5)	“When I’m in class, I just act like I’m working.”
national survey of student engagement (NSSE) [5]	学术挑战	“Applying facts, theories, or methods to practical problems or new situations”
	主动合作学习水平(7)	“Worked with other students on course projects or assignments”
	师生互动(6)	“ Provided feedback on a draft or work in progress”

续表

工具	行为投入分量(项数)	题项示例
online student engagement scale (OSE) [35]	参与(6)	"Participating actively in small-group discussion forums"
UTRECHT work engagement scale for students (UWES-S)[36]	专注(6)	"Time flies when I'm studying"
student course engagement questionnaire (SCEQ)[37]	参与/交互(6)	"Asking questions when I don't understand the instructor"

9.2.4 调查数据与 LMS 数据间的关联

不同方式获取的学习行为特征数据在异常学习行为识别中有各自的用途。基于弗兰德斯互动系统的观察数据多为对全体学习者和教师之间互动行为的观测结果。调查数据则多为匿名获取，这两类数据侧重于分析学习者总体的异常行为，研究粒度多集中在群体层面，研究结果多指示课堂总体互动、学习者整体行为投入的异常情况。学习管理系统数据及眼动仪、皮肤电等其他针对学习者个体获取的学习行为数据集中在微观细粒度，可以反映在某个阶段个体的学习行为异常。

通过调查获取的学习行为投入数据和通过学习管理系统获取的学习行为日志数据之间是否具有关联性？Hamane 在研究中将 OSES 量表获取的自我报告数据与学习管理系统中的客观数据进行关联，采用回归分析来确定学习者感知到的投入水平与学习平台采集的行为数据之间是否存在相关性。该项研究涉及学习者网络学习投入及其对学习成功的影响，通过在线课程的 LMS 数据和 OSES 量表探讨了学习者感知到的投入水平和实际投入水平之间的关系，以及两种投入水平分别与学习成绩之间的关系，Hamane 的研究归纳如表 9.2 所示。

表 9.2 自我报告学习行为投入数据与 LMS 数据间的关联

编号	研究子问题	变量	测量工具
1a	学习者感知到的投入水平和学习者登录 LMS 的频率间的关系	学习者感知投入水平	OSES
		登录 LMS 的频率	LMS 数据
1b	在 LMS 中，学习者感知到的投入水平和页面访问频率间的关系	学习者感知投入水平	OSES
		LMS 页面访问频率	LMS 数据
1c	学习者感知到的投入水平与论坛浏览量间的关系	学习者感知投入水平	OSES
		论坛讨论的频率	LMS 数据
1d	学习者感知到的投入水平和原创论坛帖子的频率间的关系	学习者感知投入水平	OSES
		原创论坛帖子的频率	LMS 数据

续表

编号	研究子问题	变量	测量工具
1e	学习者感知到的投入水平与论坛回复频率间的关系	学习者感知投入水平 论坛回复频率	OSES LMS 数据
2a	学习者登录 LMS 的频率与课程学习成绩间的关系	登录 LMS 的频率 学习者最终的百分比成绩	LMS 数据 成绩数据
2b	学习者访问 LMS 页面的频率与课程学习成绩之间的关系	访问 LMS 页面的频率 学习者最终的百分比成绩	LMS 数据 成绩数据
2c	学习者参与论坛讨论的频率与课程学习成绩之间的关系	参与论坛讨论的频率 学习者最终的百分比成绩	LMS 数据 成绩数据
2d	学习者在论坛发帖的频率与课程学习成绩间的关系	在论坛发帖的频率 学习者最终的百分比成绩	LMS 数据 成绩数据
2e	学习者在论坛回帖的频率与课程学习成绩间的关系	在论坛回帖的频率 学习者最终的百分比成绩	LMS 数据 成绩数据

研究结果表明，学习者感知的投入水平与登录频率之间存在较弱但统计学上显著的正相关关系，与论坛发帖频率和论坛回复频率之间存在适度的正相关关系。学习者感知的投入水平与学习者的成绩之间存在较弱但统计学上显著的正相关关系。学习者的实际投入水平与学习成绩之间也存在统计上的显著正相关关系。他的研究中值得注意的是，虽然感知投入水平与登录频率正相关，但登录频率与学习成绩之间却没有正相关关系，论坛发帖频率和回帖频率却与学习成绩正相关，说明仅仅高频访问学习平台而没有实质性参与学习是难以取得良好学习成绩的。学习者测验的次数与感知投入水平没有明显相关性，却和学习成绩正相关。学习者感知投入水平与实际投入水平相关性最显著的结合点体现在论坛发帖和回帖频率上，感知投入水平高的学习者发回帖频率也高，且学习成绩更好。Hamane 的研究结果表明，不同方式获取的学习行为特征数据之间确实存在关联性，学习管理系统的日志数据对学习成绩有指示意义，但简单的行为数据统计与学习成绩之间的关联性并不强，一方面需深挖从学习管理平台获取的客观行为数据，另一方面，客观数据需综合分析或结合多种行为特征指标参考才能取得较准确的指示价值。

9.3 异常学习行为识别方法

与传统面对面和纸笔学习环境相比，数字化环境下，学习者的学习行为不易被教师直接观察到，学习过程中的异常不易被发现，这些异常会直接影响个体的学习效果，甚至导致学习失败，群体性的学习异常则往往指向教学内容，教学方法需调整。不管是对学习者个体还是群体来说，及时发现异常都是数字化学习能顺利进行的重要保障。异常学习行为识别常用的方法包括基于调查数据的识别、基于学习分析的识别、基于机器学习的识别等。

9.3.1 异常学习行为识别模型

及时识别学习问题的外显(即异常的学习行为)是解决学习问题的关键所在。本书在第 6 章中，已经探讨了社会网络、话语分析、智能技术和多模态等当前主流的学习行为分析方法和技术。本章专门针对异常学习行为的识别方法作进一步探讨。尽管数据来源不同、识别方法不同，数字化环境下异常学习行为的识别仍可归纳为学习行为特征采集、预处理、异常分析、评判、预警五个层次，如图 9.1 所示。

9.3.2 基于调查数据的识别

用调查研究的方法识别学习者是否存在异常学习行为是教育学研究领域传统而经典的方法。本书第 5 章所提到的教育心理学领域用于评定未成年学习者异常学习行为的 LBS、PLBS、LTLS 等均是此类量表。正如前面所述，这类量表多是用于测量学习者是否存在学习障碍等生理和心理问题。而学习者在学习过程中，学习问题的发生不一定是由身心障碍造成的，内因中的动机、风格、情绪，外因中的学习内容、氛围等均会造成学习中的问题。本章第 2 节中提到的 OSE、SCEQ、NSSE 等学习投入量表是从行为投入的角度间接了解学习者的行为是否存在异常。

从表象的行为出发，识别学习中的问题，有研究者认为，可以从“质”和“量”两方面衡量。从“质”的方面考虑主要是评判行为是否违反学习规范、是否影响自己及他人的正常学习、是否具有稳定性和长期性；从“量”的层面考虑，主要测量行为的发生频率、强度、时间等。

为更有针对性地测量学习行为是否存在异常，李斐等开发了“网络问题学习行为量表”，从学习过程出发，将异常学习行为分为“学习逃离行为”“不良学习习惯”“缺失学习行为”“不当学习行为”“情绪化行为”五个类别，共设计了 34 个题项。该量表可用于测量普通高校学习者、成人学习者等不同类型学习者在网

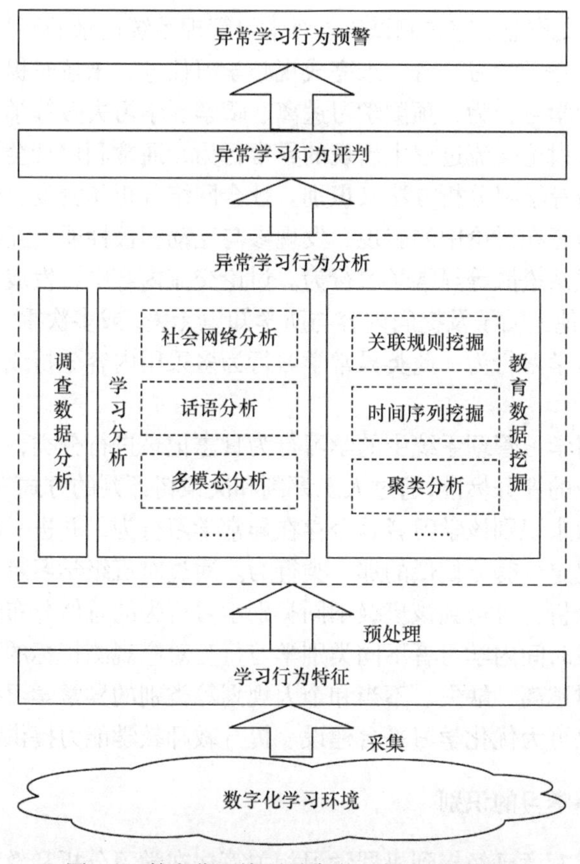

图 9.1 数字化环境下异常学习行为识别模型

络学习中的异常学习行为。量表在全国多个城市、多个专业的本科生和研究生中应用的结果表明，量表的测量结果能较真实反应网络学习者异常的学习行为，并能够区分异常学习行为的类别。调查结果还显示，每个网络学习者都或多或少存在一些异常的学习行为，但不同学习者的行为表现存在差异[38]。

在数字化学习环境中，学习行为的采集相对便利，因此以量表方式测量异常学习行为的研究并不多见。从学习管理系统日志数据出发，或采用视频分析、语音分析等方法研究学习者行为的一般性规律，发现异常行为是目前主流的研究思路。

9.3.3 基于学习分析的识别

鉴于数字化学习环境中，大多数情况下师生在学习过程中是时空分离的，基于学习分析的数字化学习环境中异常学习行为的识别，一般依赖于学习管理系统所记录的学习行为数据。通常可记录的学习行为包括注册、登录、访问、检索、评论、讨论、提交作业、完成测试等。对学习管理系统记录的行为日志进行统计，可以发现长期不登录学习平台、未完成视频学习任务、未按时提交作业、未按时参加测试等异常学习行为，预测学习逃离、辍学、学习失败等学习风险。

针对在学习讨论交流过程中出现的异常行为，通常利用社会网络分析、内容分析、话语分析等学习分析方法来识别。社会网络分析从密度、中心性、互惠性等角度分析学习者在讨论中的表现，发现参与互动积极性弱、互动频繁程度低、与其他学习者联系松散等异常学习行为。讨论交流内容中，发表的内容与所学知识无关，或回复他人帖子及提问内容与所学知识无关，或多次重复发表某些内容，同样可视为异常学习行为，此类异常学习行为多采用内容分析或话语分析的方法捕获到。

有研究者对学习管理系统中的学习行为日志记录进行分类，为不同类别的学习行为设置相应的评分标准,通过人工评判和决策树评判的方式为学习行为评分。通过获得的分数来识别该学习者是否存在异常学习行为，并进一步根据每类学习行为的得分情况定位得分偏低的那一类行为。通过对班级学习者不同类别学习行为的总体得分分析，可得到该班级不同类别学习行为的总体分布情况。也有研究者通过统计一段时间内学习者不同类别学习行为对应观测指标的发生频率、发生时长等信息，对逃离、缺失、不当和个人规划等类别的异常学习行为进行识别，分析识别的结果可为优化学习平台建设、提升教师教学能力提供参考[19]。

9.3.4 基于机器学习的识别

本书第 6、7 章已经提到机器学习相关算法在学习分析和教育数据挖掘中的应用，在异常学习行为识别中，机器学习算法同样有广阔的应用空间。随着数字化学习环境中可获取的行为数据规模的不断扩大，机器学习的各种算法在大数据分析中的优势不断凸显，可实现快速、自动、准确的异常学习行为识别。通过机器学习实现异常学习行为识别，实际上是判定学习行为是正常还是异常的二分类问题。基于无监督学习的识别方法不需要训练样本，通常使用聚类算法自动获取学习者的学习行为模式，将远离常见行为模式的学习行为识别为异常；监督学习和半监督学习中，已知的正常或异常学习行为作为训练集，能高效且准确训练出识别异常学习行为的识别器，常用的有隐马尔可夫模型、贝叶斯网络、决策树、支持向量机等多种算法[39]。例如，相关研究使用 K 均值聚类算法、非负矩阵分解算法(non-negative matrix factorization，NMF)等无监督学习算法对学习论坛中的评论分类，实现学习者异常学习行为的判定；通过关联规则、决策树、逻辑回归等算法建立数字化环境下学习行为相关属性与学习效果的关联关系，判定是否有异常学习行为发生[40]，还有研究者基于无监督学习算法，提出通过离群偏离度实现学习者异常学习行为的识别[41]。也有学习者将在网络欺诈检测中取得较好效果的密集块(dense-block)检测算法引入学习行为识别中,用于发现在线学习中的"刷课""刷分"等异常学习行为[42]。

9.4 异常学习行为的个体化差异

基于统计的异常学习行为识别方法相对成熟且有较广泛的应用。但不同的学习者，因其年龄、性别、动机、风格、偏好等个体化差异，学习行为的表现各不相同。同一学习者在不同时间、不同科目、不同学习平台上的学习行为同样存在差异。因此，基于统计规律的大多数学习者的正常学习行为模式虽有较强的代表性，并能支撑高效、普适的异常学习行为识别，但很难做到为差异化的学习者个体提供精准的识别。

个性化的异常学习行为识别属于自适应学习范畴。自适应学习使用计算机算法和人工智能来协调与学习者的互动，并提供定制的资源和学习活动，以满足每个学习者的独特需求，该技术涵盖计算机科学、人工智能、心理测量学、教育学、心理学和脑科学等多个领域的研究。个性化的异常学习行为识别则通过演化计算、机器学习等相关智能算法，不断训练、演化，获得与学习者个性化学习行为相适应的识别能力，精准监测和发现不同学习者学习行为的异常变化。

参考文献

[1] 蒋志刚, 李春旺, 彭建军, 等. 行为的结构、刚性和多样性[J]. 生物多样性, 2001, (3): 265-274.

[2] Gross R. Psychology: The Science of Mind and Behaviour[M]. 7th Edition. London: Hodder Education, 2015.

[3] 孟庆军. 网络学习代价研究[D]. 长春: 东北师范大学, 2007.

[4] 彭文辉. 网络学习行为分析及建模[D]. 武汉: 华中师范大学, 2012.

[5] Yang T Y, Brinton C G, Joe-Wong C, et al. Behavior-based grade prediction for MOOCs via time series neural networks[J]. IEEE Journal of Selected Topics in Signal Processing, 2017, 11(5): 716-728.

[6] Breslow L, Pritchard D E, DeBoer J, et al. Studying learning in the worldwide classroom research into edX's first MOOC[J]. Research & Practice in Assessment, 2013, 8: 13-25.

[7] Bloom B S, Krathwohl D R. Taxonomy of Educational Objectives: The Classification of Educational Goals[M]. New York: McKay, 1956.

[8] Anderson L W, Sosniak L A. Bloom's Taxonomy[M]. Chicago: University of Chicago Press, 1994.

[9] Gagne R M. The Conditions of Learning and Theory of Instruction[M]. New York: Holt, Rinehart and Winston, 1985.

[10] Merrill M D. Component display theory[J]. Instructional-design Theories and Models: An Overview of Their Current Status, 1983, 1: 282-333.

[11] Miserandino M. Children who do well in school: individual differences in perceived competence and autonomy in above-average children[J]. Journal of Educational Psychology, 1996, 88(2): 203-214.

[12] Fredricks J A, Blumenfeld P C, Paris A H. School engagement: potential of the concept, state of the evidence[J]. Review of Educational Research, 2004, 74(1): 59-109.

[13] 陈佑清. 教学论新编[M]. 北京: 人民教育出版社, 2011.

[14] Angelino L M, Natvig D. A conceptual model for engagement of the online learner[J]. Journal of Educators Online, 2009, 6(1): 1-19.

[15] Hamane A C. Student engagement in an online course and its impact on student success[D]. Malibu: Pepperdine University, 2014.

[16] 李爽, 王增贤, 喻忱, 等. 在线学习行为投入分析框架与测量指标研究——基于 LMS 数据的学习分析[J]. 开放教育研究, 2016, 22(2): 77-88.

[17] 刘清堂, 雷诗捷, 张思, 等. 教师工作坊中的用户行为投入研究[J]. 现代远距离教育, 2017, (4): 19-28.

[18] McDermott P A. National scales of differential learning behaviors among American children and adolescents[J]. School Psychology Review, 1999, 28(2): 280-291.

[19] 张曼. 基于学习分析技术的在线异常学习行为诊断研究[D]. 黄石: 湖北师范大学, 2020.

[20] Crothers L M, Kolbert J B. Tackling a problematic behavior management issue: teachers' intervention in childhood bullying problems[J]. Intervention in School and Clinic, 2008, 43(3): 132-139.

[21] Seidman A. The learning killer: disruptive student behavior in the classroom[J]. Reading Improvement, 2005, 42(1): 40-47.

[22] Becker W C, Madsen Jr C H, Arnold C R, et al. The contingent use of teacher attention and praise in reducing classroom behavior problems[J]. The Journal of Special Education, 1967, 1(3): 287-307.

[23] 彭文辉. 网络问题学习行为研究[J]. 中国电化教育, 2014, (2): 40-45.

[24] 李爽, 李荣芹, 喻忱. 基于 LMS 数据的远程学习者学习投入评测模型[J]. 开放教育研究, 2018, 24(1): 91-102.

[25] 张思, 刘清堂, 雷诗捷, 等. 网络学习空间中学习者学习投入的研究——网络学习行为的大数据分析[J]. 中国电化教育, 2017, (4): 24-30, 40.

[26] 吴林静, 劳传媛, 刘清堂, 等. 网络学习空间中的在线学习行为分析模型及应用研究[J]. 现代教育技术, 2018, 28(6): 46-53.

[27] Hrastinski S. A theory of online learning as online participation[J]. Computers & Education, 2009, 52(1): 78-82.

[28] 马志强, 苏珊, 张彤彤. 基于学习投入理论的网络学习行为模型研究——以“网络教学平台设计与开发”课程为例[J]. 现代教育技术, 2017, 27(1): 74-80.

[29] 兰丽娜, 石瑞生, 勾学荣. 基于学习行为模型的学习伙伴推荐方法研究[J]. 现代教育技术, 2018, 28(4): 67-73.

[30] 吴绍靖, 易明. 中小学教师网络学习行为对学习效果的影响[J]. 现代教育技术, 2019, 29(9): 101-107.

[31] 李小娟, 梁中锋, 赵楠. 在线学习行为对混合学习绩效的影响研究[J]. 现代教育技术, 2017, 27(2): 79-85.

[32] Lerner R M, Lerner J V, Almerigi J B, et al. Positive youth development, participation in community youth development programs, and community contributions of fifth-grade adolescents: Findings from the first wave of the 4-H study of positive youth development[J]. The Journal of Early Adolescence, 2005, 25(1): 17-71.

[33] Miller R B, Greene B A, Montalvo G P, et al. Engagement in academic work: the role of learning goals, future consequences, pleasing others, and perceived ability[J]. Contemporary Educational Psychology, 1996, 21(4): 388-422.

[34] Skinner E A, Belmont M J. Motivation in the classroom: reciprocal effects of teacher behavior and student engagement across the school year[J]. Journal of Educational Psychology, 1993, 85(4): 571-581.

[35] Rosenzweig E Q, Wigfield A, Gaspard H, et al. How do perceptions of importance support from a reading intervention affect students' motivation, engagement, and comprehension?[J]. Journal of Research in Reading, 2018, 41(4): 625-641.

[36] Schaufeli W B, Bakker A B. Utrecht work engagement scale: preliminary manual[J]. Occupational Health Psychology Unit, Utrecht University, 2003, 26(1): 64-100.

[37] Handelsman M M, Briggs W L, Sullivan N, et al. A measure of college student course engagement[J]. The Journal of Educational Research, 2005, 98(3): 184-192.

[38] 李斐. 网络问题学习行为量表编制研究[D]. 武汉: 华中师范大学, 2013.

[39] 邓晗. 基于机器学习和大数据技术的高校学生行为分析[D]. 北京: 北京邮电大学, 2017.

[40] 胡祖辉, 施佺. 高校学生上网行为分析与数据挖掘研究[J]. 中国远程教育, 2017, (2): 26-32.

[41] 任孟其, 宋汝鑫, 王萌, 等. 面向智慧校园的学生异常行为检测[J]. 哈尔滨师范大学自然科学学报, 2017, 33(3): 20-24.

[42] 王俊松, 边荟淞, 周晓峰. 基于大数据的高校学生在线学习行为建模研究[J]. 信息化研究, 2021, 47(6): 11-17, 29.

第 10 章　基于人工免疫系统的数字化环境下异常学习行为识别

人工免疫系统(artificial immune systems，AIS)是从生物免疫系统的结构和功能中抽象建模的自适应计算系统，是人工智能领域中隶属于自然计算(nature computing)和仿生计算(biologically inspired computing)的一个子领域，也是机器学习方法的一种。人工免疫系统包含一系列根据生物免疫系统的学习和记忆特性设计的相关算法，在各类异常检测问题中有较为广泛的应用。本章以人工免疫系统中的反向选择算法(negative selection algorithm, NSA)为代表，以 MOOC 日志记录的真实学习行为数据为实例，探讨人工免疫系统在数字化环境下异常学习行为识别中的应用。

10.1　研究问题描述

传统面对面学习中，有经验的教师通过观察学习者的神态、动作、表情等外显特征，能及时地判断学习者学习行为的异常，了解其成因，便于及时干预和纠正，帮助学习者解决学习问题，保证学习顺利进行。但数字化学习环境中，尤其是在线学习中很难做到师生面对面同步，传统的观察法不能有效发挥作用，异常的学习行为容易被忽视，导致异常行为产生的原因更是难以被及时发现，进而导致问题累积，引起严重的学习问题甚至学习失败。长期以来，辍学率高(尤其是在 MOOC 学习中)、学习效果欠佳一直是这一新的学习形式面临的首要问题。在数字化学习环境中及时发现异常的学习行为，无论是对改善学习者个体的学习质量还是提升学习者群体的学习效果都有重要意义。

与传统面对面学习环境相比，虽然数字化环境中的学习行为不易观察，但却比传统学习环境中的行为更容易监测、记录和存储。在线学习环境中的日志系统可以自动记录每一位学习者的每一次操作行为，构成完整的学习轨迹，为学习行为的量化研究提供数据基础。自适应地从数字化学习的日志数据中发现学习行为的异常、及时预警，是协助教师采取干预措施或调整教学的关键，也是学习顺利进行的保障。

归纳起来，数字化环境下的异常学习行为存在如下特征。

(1) 异常学习行为具有多样性。学习行为受到学习环境、学习者自身特点等多因素的影响。不同学习环境、不同学习内容、不同学习阶段、不同学习者其学习行为异常的表现各不相同。难以为异常学习行为划定统一的标准，但与异常行为相比，正常的学习行为相对固定，有规律可循，且通常是已知的。例如，按时完成作业、频繁访问网络学习资源、高频率的在线交互等。

(2) 异常学习行为具有动态性。学习行为并非一成不变，而是随着学习过程的推进，在不同时间、不同阶段动态变化。例如，在临近期末考试的时间段和寒暑假时间段，学习行为会表现出较大差异。

(3) 异常学习行为具有宏观性。学习行为是个总体概念，具体到细节上有多种表现形式，是多个微观行为的集合。微观的异常行为可以是一次登录时间与往常不同，一周内观看学习视频的频率与往常不同。但一次偶尔的行为异常并不能说明学习存在问题，只有连续、多次或多种学习行为的改变才是需要警惕的识别对象。

鉴于异常学习行为的上述特点，研究问题转换为：根据已知的正常学习行为，发现微观上学习行为的改变，最终识别到学习者宏观上学习行为的异常。

10.2　人工免疫系统

人工免疫系统诞生于 20 世纪 90 年代，在 1994 年正式成为独立的研究方向。它是人工智能领域的研究分支之一，隶属于计算智能中的自然计算范畴。

10.2.1　从符号智能到计算智能

传统的人工智能以语言或符号规则的形式来表达和模拟人类的智能行为，主要目标是应用符号逻辑的方法模拟人脑的问题求解方式、推理过程和学习能力。对人工智能不同的理解和不同的研究方法，使得人工智能领域出现了符号主义、联结主义、行为主义三大学派。

由于人脑的复杂性和语言表达的困难性，在很长一段时间内，传统人工智能取得的成果与人们的期望相差甚远，科学家在反思期望值是否过高的同时也在思考知识化与概念化是否是人工智能的核心。史忠植教授在《智能科学》中指出：智能不仅要靠功能仿真，而且要实现机理仿真；智能不仅要运用推理，自顶向下，而且要通过学习，自底向上[1]。

传统的人工智能以物理符号系统为基础，以问题求解为核心，以模拟人类的推理思维为目的，试图使机器掌握对某些问题的求解能力，并在具体的应用场景下能自动找出正确的解决策略。但由于知识的获取和表示复杂且困难，符号运算在一定程度上限制了传统人工智能理论的应用，促使更多的研究转向模仿产生自然智能的生物机制[2]。

计算智能的诞生正好契合了这一需求。从 1994 年首届计算智能世界大会召开后，计算智能成为人工智能中的活跃分支，它是在符号智能遇到发展的瓶颈后，脱颖而出的一类智能方法。有人将人工智能分为两大类，一类是以物理符号系统假设为基础的符号智能，也称为传统人工智能，另一类就是计算智能。计算智能是用计算手段实现智能的方法和理论，典型的方法包括粗糙集、神经网络、遗传算法、人工神经网络、群智能、模糊系统、模拟退火和人工免疫系统等，还包括人工生命、DNA 软计算、多 agent 系统等。

按照 Bezdek 的严格定义[3]，计算智能是指那些依赖数据处理的智能。计算智能以联结主义思想为主，与模糊数学和迭代函数系统等数学方法密切相关，主要的关注点是数据，通过训练的方法进行问题求解，它与传统人工智能密切相关，所不同的是不那么依赖符号表示，更加关注自底向上、反复迭代、逐渐逼近的求解方法。由于生物生存、繁衍、进化的精妙过程本身就是一种自底向上获取智能的方法，因而生物原理对计算智能有很强的借鉴意义，很多计算智能的方法都是从生物中获取的灵感，即是仿生的方法。

10.2.2 从自然计算到仿生计算

除模拟人的智能以外，广义的人工智能还包括生物智能、自然界的"优化"方式等[4]。自然计算是从自然界，特别是典型的生物系统和物理系统中借鉴灵感、提取相应的计算模型设计而成的智能算法，是人工智能的有效实施模式[5]。

莱顿自然计算研究中心的研究者们认为，自然计算这个术语表明，该类计算方法是根据从自然界中得到的启示设计的。自然计算的特征是比喻性地使用自然系统中潜在的概念、原理和机制[6]，它通常包括三类方法：从生物中获取灵感的计算方法(biologically inspired computing)；模仿自然状态的计算方法(simulation and emulation of nature by means of computing)；用自然元素辅助计算(computing with natural materials)的方法。

自然计算涵盖各种从自然界(包含生物系统、物理系统等)获取灵感的计算方法。同时也包含用自然的工具辅助计算(如 DNA 计算)。总而言之，凡是和自然元素相关的计算方法都可以归为自然计算一类。生物系统是自然界的重要组成部分，也是自然界中有生命、可自我发展、自主适应的一类动态系统，是自然界最为复杂的系统之一。它为信息系统提供的灵感非常有借鉴意义。

从生物中获取灵感的计算也称为仿生计算，是自然计算的一个主要分支。同时，它也是计算智能的主要分支，是计算智能和自然计算两者的交集。仿生计算用计算机模拟自然界生物生存的原理，并将其运用到问题求解中，通过模拟自然法则，提高计算性能。这类方法通常具有自适应、自组织、自学习的能力，能够解决传统计算方法难以应对的各种复杂问题。它的应用领域包括复杂问题求解、智能控制、模式识别、网络安全、硬件设计、社会经济、生态环境等方面。该类方法的研究内容一般包括：人工神经网络、遗传算法、人工免疫系统、蚁群算法、粒子群算法等。从上述分析可以看出，仿生计算实际上同时从属于计算智能和自然计算，是两者共同覆盖的交叉区域，也是两者之间联系的纽带。人工免疫系统正是处于这个交叉点中。

10.2.3　从仿生计算到人工免疫

仿生计算以生物进化的观点认识和模拟智能，特别是研究生物系统的适应性机制，构建从自然中获取灵感的人工智能系统。它的主要目标是推动人工智能模型解决真实系统中的复杂问题。人工免疫系统是从脊椎动物免疫系统中获取灵感构建的智能系统，主要用于解决计算机系统中的复杂求解问题。人工免疫系统在人工智能中的位置，及其与计算智能和自然计算的关系如图 10.1 所示。

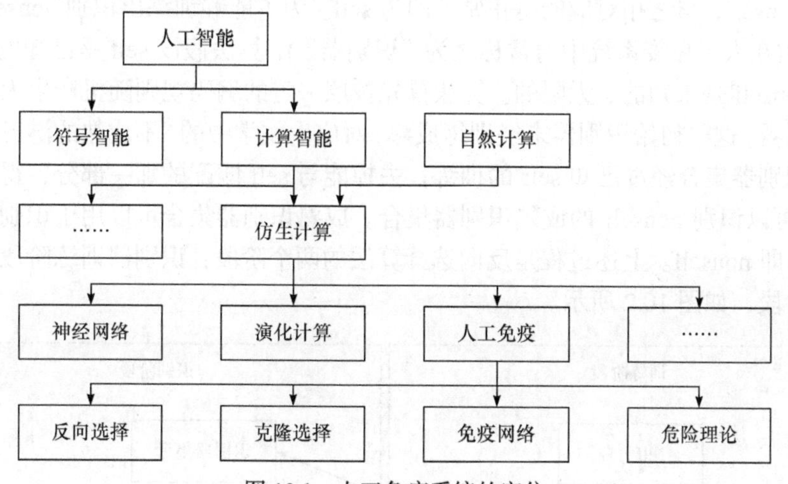

图 10.1　人工免疫系统的定位

20 世纪 90 年代，人工免疫系统作为仿生计算的一个分支开始起步。1994 年，美国新墨西哥大学的 Forrest 教授，借鉴生物免疫系统自适应区分 self 和 nonself 的特性，对计算机系统中的 self 和 nonself 进行了数学定义[7]，建立了基于反向选择算法的计算机免疫模型，并将其用于异常检测，标志着人工免疫系统研究方向正式诞生。人工免疫系统与演化计算结合，形成了克隆选择算法，从更深层次的免疫理论中获得灵感，形成了免疫网络模型、危险模式理论和树突状细胞算法，在网络入侵检测、故障检测等涉及异常检测的领域有较广泛的应用。

10.2.4　人工免疫系统相关算法

在人工免疫系统的研究中，模拟生物免疫系统的机制，诞生了反向选择算法、克隆选择算法、免疫网络算法、危险模式理论等一系列算法和模型。

1. 反向选择算法

反向选择算法的灵感来源于不成熟的 T 淋巴细胞和 B 淋巴细胞在胸腺和法氏囊中训练成熟的过程。在这个过程中，任何能与自身细胞(记为 self)发生反应的淋巴细胞都被销毁，只有不与自身细胞发生反应的被保留下来，成为成熟淋巴细胞。因此，成熟淋巴细胞只会识别外来细胞(记为 nonself)，不会与自身细胞反应，这一能力在免疫学中被称为“耐受”。成熟的淋巴细胞在生物体内循环，识别 nonself(在反向选择算法中，不属于自身的细胞都被认为是外来病原体，是需要被免疫系统识别的对象)。

反向选择算法借鉴生物免疫系统的上述工作机制，以区分 self 和 nonself 为目的，因此也有文献称其为 SNS 算法(self-nonself algorithm)。反向选择算法将异常看作 nonself，与之相对应的是正常，即为 self。为了能够训练出识别 nonself 的淋巴细胞(在人工免疫系统中通常称之为“识别器”)，算法假设 self 是已知的、有限的，nonself 是未知的、无限的。算法首先按照一定的编码规则随机产生大量的初始识别器，这些初始识别器未经训练成熟，对应生物学中的“不成熟的淋巴细胞”。初始识别器集合经过已知 self 的训练，去掉能与 self 匹配的那一部分，得到耐受 self，可以识别 nonself 的成熟识别器集合。成熟识别器集合可以用于识别未知的异常，即 nonself。上述过程是反向选择算法的两个阶段：识别器训练阶段和异常识别阶段，如图 10.2 所示。

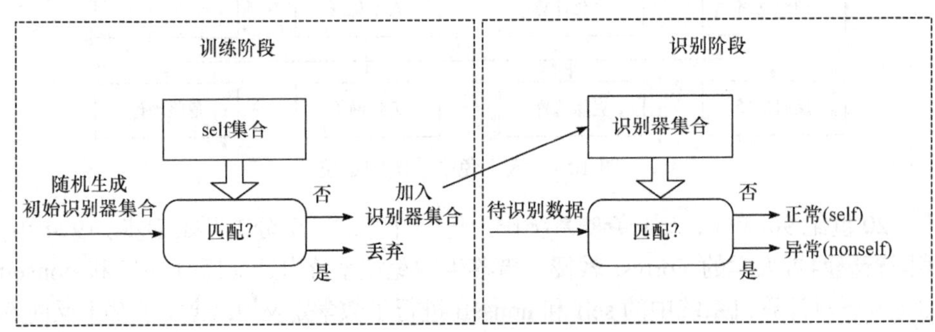

图 10.2　反向选择算法的工作原理

美国新墨西哥大学 Forrest 教授团队使用二进制位串作为识别器的编码方式，使用 r 邻域位匹配作为识别规则，开发了一个基于反向选择的网络入侵检测系统，名为 LYSIS。LYSIS 将 self 与 nonself 分别表示为 49 位的二进制位串，识别器也采用同样的编码规则。识别算法选择用简单、易于分析与实现的位串匹配法则，即每一个识别器是一个二进制位串 d，一个待识别的对象(self 或 nonself)是另一个

二进制位串 s，如果 d 与 s 至少在 r 个相邻的二进制位上具有相同的符号，说明 d 与 s 在 r 邻域位规则下匹配，即识别器 d 识别了待识别对象 s。邻域位 r 是一个阈值，该值决定了匹配规则的严格程度和识别器 d 的适配性。利用二进制位串编码和 r 邻域位匹配规则，LYSIS 系统将网络数据包的包头作为被检测对象，发现异常时能自动向管理员以发送邮件的方式报警[8-10]。类似应用还有网络入侵检测系统(computer defense immune system，CDIS)[11, 12]和计算机病毒免疫系统(computer virus immune system，CVIS)[13]。

用二进制位串表达识别器是一种简便易行的编码方法，但这种编码方法用每个二进制位代表一种特征指标，仅适用于特征指标可归纳为两个状态的问题，能描述的问题空间有限，不足以对 self 空间作普适的表达。针对上述问题，Dusgupata 研究团队提出用 n 维实数向量模型表达问题空间的编码方法[14]，具体实现方式包括超球体、超立方体等[15-17]。在实数向量模型中，识别器和待识别对象均表达为 n 维向量，通常采用计算距离的方法判断两者是否匹配，两者之间的距离越短则匹配度越高。常用的距离计算方法包括海明距离(Hamming distance)、闵式距离(Minkowsky distance)等。实数向量编码扩大了反向选择算法解决问题的范围，在故障检测领域有多项成功应用的案例[18]。但固定半径的 n 维实数向量识别器类似于多个半径相同的球体，在识别问题空间时，不可避免存在难以覆盖的识别空洞。因此，又不断有研究者对表达模型和算法进行改进，形成了半径可变的实值反向选择算法(V-detector)[15]等改良算法，如表 10.1 所示。

表 10.1　基于实数向量空间的改进的反向选择算法

年份	改进
2014	Idris 提出了差分进化的反向选择算法(NSA-DE)，通过差分进化优化了识别器的分布，减少了识别空洞的数量[19]。
2015	Cui 等提出了一种双向抑制优化 r 变量的反向选择算法(BIORV-NSA)。该算法采用自设置边缘抑制策略和识别器自抑制策略，使 self 的个体半径动态可变，因此有可能覆盖更多的 nonself 空间以减少识别空洞[20]。
2016	Saurabh 提出自调谐识别器的概念，旨在进化识别器并促进更准确的 self 和 nonself 覆盖[21]。
2017	考虑到高维空间抗原分布稀少，大多数数据样本集中于低维子空间，这使得训练出的识别器难以覆盖高维空间，Tao 等提出基于密度的实值反向选择算法(ASD-RNSA)，用于指导识别器演化，实现高维空间空洞的修复[22]。
2017	也有学者将识别器生成分为两个阶段，首先生成大半径的识别器覆盖大部分 nonself 空间,再生成小半径识别器以覆盖 self 周围的空洞。或将识别器编码为超椭圆体以减少空洞的数量并提高对 nonself 空间的覆盖率[23]。
2019	Zhang 等采用德劳内三角剖分法将 self 空间划分为简单的单元格以确定识别器的位置，从而减少识别器的数量并尽可能覆盖多的 nonself 空间[24]。

续表

年份	改进
2020	Yang 等人提出基于抗原密度的反向选择算法(ADC-NSA)，计算抗原的密度并进行聚类以选择 nonself 簇；优先处理离群 nonself 作为候选中心识别器，并通过计算生成识别器集合。在 self 和 nonself 分布不均的数据集中，该算法可以降低传统算法中识别器生成的随机性，提高识别器生成的效率[25]。
2021	四川大学李涛团队提出 V-detector-KN。该算法使用已知的 nonself 作为候选识别器，利用 nonself 引导的方法实现对空洞的覆盖[26]。

2. 克隆选择算法

克隆选择算法(clonal selection algorithm，CSA)来源于 Burnet 1959 年提出的克隆选择理论，该理论认为：成功识别 nonself 的淋巴细胞可以被激活，激活的淋巴细胞产生大量克隆体，这些克隆体与原淋巴细胞具有同样的识别受体，相当于该淋巴细胞产生了大量的副本[27]。通过克隆选择，淋巴细胞群体的亲和力得到增强(能识别病原体的优势淋巴细胞群体得以克隆增殖和保留，劣势群体通过高变异和优胜劣汰逐步演化为优势淋巴细胞)。

克隆选择算法有两个特性：①亲和力越高的淋巴细胞，产生的克隆体就越多；②亲和力越低的淋巴细胞，变异率就越高。利用这两个特性，De Castro 和 Von Zuben 提出了人工免疫系统中的克隆选择算法——CLONALG。算法的主要思想是：①仅依靠随机产生识别器集合，能得到的有效、成熟的识别器数量十分有限；②已成功识别 nonself 且亲和度较高(与 nonself 匹配度较高)的识别器在基因上具有优势；③以亲和度较高的识别器为父代，对父代识别器进行大规模克隆繁殖，克隆时在识别器结构内部进行适量杂交与变异，以保证产生的子代识别器继承父代识别能力的优势且与父代有所区别；④子代识别器同样需经过反向选择算法的筛选，满足条件的子代识别器最终成为成熟识别器。

CLONALG 克隆选择算法的工作流程描述如下：初始化识别器种群；利用分类器产生的 nonself 和 self 对初始化的种群进行亲和度计算；选择亲和度高的识别器作为“父代”识别器，利用遗传算子进行克隆繁殖产生子代识别器；利用 self 对子代识别器进行反向选择，算法流程如图 10.3 所示。

克隆选择算法中的遗传算子是进行克隆繁殖的关键。通常，遗传算子包含杂交和变异两类。杂交算子又包含两种，一种是交换同一个父代识别器内部的两个基因位的值，称为基因内杂交；另一种是交换两个不同父代识别器的某个基因位的值，称为基因间杂交，如图 10.4 所示。

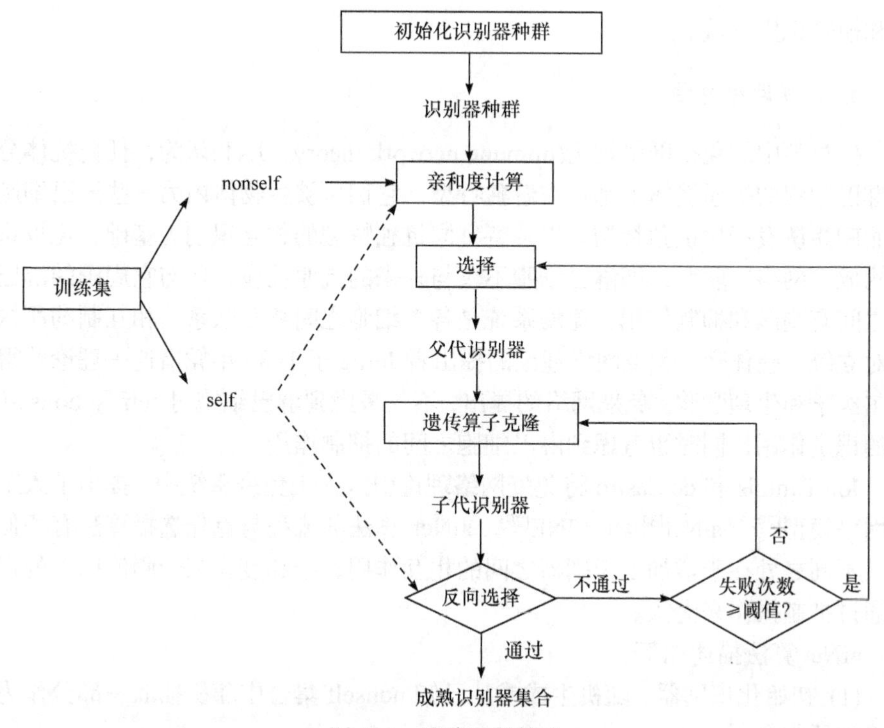

图 10.3　克隆选择算法

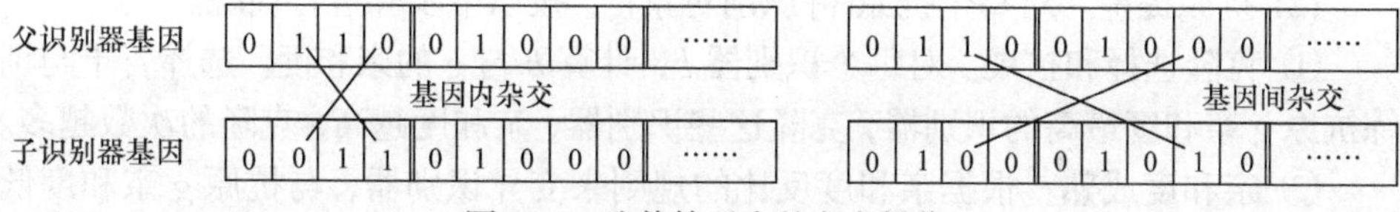

图 10.4　遗传算子中的杂交操作

变异算子的种类更多一些，一般有 5 种：第一种是改变某个父代识别器中一个基因位(如 0 变异为 1，1 变异为 0)；第二种是在某个父代识别器中减少一个基因位；第三种是在父代识别器的表达中增加规则；第四种是随机将父代识别器的所有基因位平移轮转；第五种是改变每个基因区间的第一位的值。总之，杂交的作用是保留父代识别器的优势，又产生一些差异化的新子代识别器，而变异则主要针对非优势识别器，通过某些基因位(基因位实际上就是识别器的特征位)的突变和逐代演化，生成新的优势识别器。

由于杂交和变异是随机的，因此在经过杂交或变异生成的子代识别器中可能会产生一些能识别已知 self 的无效子代识别器。所以即便是克隆选择生成的新识别器，同样需要经过反向选择算法的训练，去掉能识别 self 的识别器，得到成熟识别器集合。除 CLONALG 外，还有多种其他的克隆选择算法，如 Jungwon Kim 提出的动态克隆选择算法等。人工免疫系统中的克隆选择算法主要应用在计算优化和模式识别领域。

3. 免疫网络算法

生物学中的免疫网络理论(immune network theory，INT)认为，任何抗体分子或淋巴细胞的抗原受体上都存在着独特型，它们可被生物体内另一些淋巴细胞识别而刺激诱发产生抗独特型。以独特型同抗独特型的相互识别为基础，免疫系统内构成“网络”联系，即淋巴细胞不仅与外来的抗原反应，还与它周围的淋巴细胞之间有刺激和抑制作用，免疫系统是各个细胞之间相互联系、相互制约所构成的对立统一整体[28]。免疫网络理论的提出者 Jerne 于 1984 年凭借这一理论获得诺贝尔医学和生理学奖。免疫网络的提出，不仅考虑到淋巴细胞对 self 和 nonself 抗原的识别作用，同时也考虑到淋巴细胞之间的抑制作用。

Jon Timmis 和 de Castro 将免疫网络理论引入人工免疫系统中，提出了人工免疫网络模型[29, 30]aiNet[31]和 AINE[29]。aiNet 算法的流程与克隆选择算法有相似之处，不同之处在于增加了识别器之间的相互作用，亲和度在某个阈值以下的识别器通过抑制操作来淘汰。

aiNet 算法描述如下。

(1) 初始化识别器。随机生成或从已知 nonself 集合中随机抽取一部分作为初始识别器集合；

(2) 抗原提呈。对每个抗原(待识别对象)g，按以下步骤进行训练。

① 克隆选择和扩展。对每个识别器 b，计算 b 与 g 的亲和度。选择若干与训练抗原 g 亲和度最高的识别器，克隆这些识别器，亲和度越高，克隆的次数越多。

② 亲和度成熟：根据亲和度反比的规则来变异识别器，与抗原 g 亲和度低的识别器变异度高。在变异的识别器中重新选择若干亲和度高的放入记忆识别器集合。

③ 识别器相互作用。计算识别器集合中所有识别器之间的亲和度。

④ 克隆抑制。删除识别器之间亲和度大于指定阈值的识别器。

⑤ 记忆筛选。删除记忆识别器中与抗原 g 亲和度小于指定阈值的识别器。

⑥ 网络构建。将剩余的记忆识别器与原有识别器网络合并。

⑦ 网络相互作用。计算网络中每对识别器的相似性。

⑧ 网络抑制。删除亲和度高于指定阈值的识别器。

(3) 循环。重复步骤(2)直到指定的演化次数完成。

免疫网络理论实现了免疫系统内部对免疫应答的自我调节，具有根据相似性聚合，自适应性强，能有效地对数据进行分类或者聚合等优点，常用于解决聚类问题和过滤问题。

4. 危险模式理论算法

1994 年，免疫学家 Polly.Matzinger 提出了一个不同于反向模型的新观点——危险模式理论(danger theory，DT)。该理论从不同的角度解释了免疫系统的工作机理，它认为：免疫系统要防御的不是 nonself，而是潜在的“危险”，即 nonself 不一定会引起危险，只有危险的 nonself 才是免疫系统要识别的对象。根据这种解释，Matzinger 认为除了 self-nonself 识别机制外，免疫系统还存在另外一种识别机制，这种机制存在于 self-nonself 识别之前，只有感知到危险发生时才需要启动 nonself 识别机制。如果把危险模式理论与反向选择算法结合，就可以把 self 和 nonself 集合作进一步划分，将其分为“安全的 self” (self and safe)、“危险的 self” (self but danger)、“安全的 nonself” (nonself but safe)、“危险的 nonself” (nonself but danger)四类。免疫系统要识别的实际上是“危险的 nonself”。

危险模式理论认为在识别 self 和 nonself 之前，有一层负责收集受损细胞发出的危险信号，根据信号激活适应性免疫系统识别 nonself 的机制，这就是生物免疫系统中的先天免疫层。先天免疫层在适应性免疫层之前，适应性免疫层只有收到危险信号时才启动对 self 和 nonself 的识别，因此，危险信号是启动适应性免疫应答的“钥匙”。危险模式理论的工作原理如图 10.5 所示。

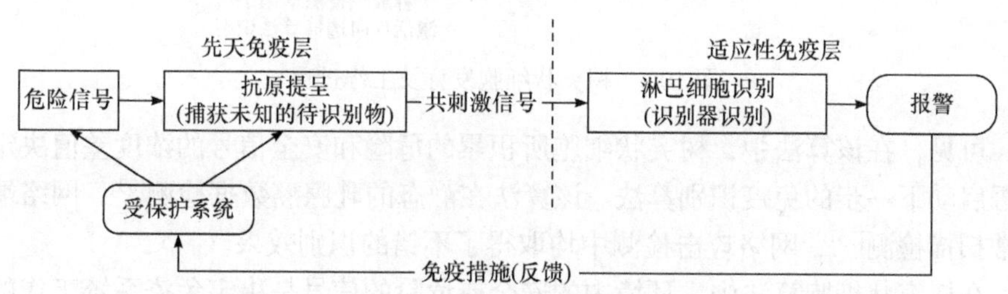

图 10.5　危险模式理论工作原理

危险模式理论的出现，调整了免疫系统的研究对象，由关注外源性的抗原，转为关注内源性的危险信号，为解决海量数据处理问题、降低人工免疫系统的计算代价提供了新思路。事实上早在 1998 年，Burgess 在研究反向选择算法时就指出，self-nonself 的概念不足以表述复杂的免疫系统[32]。据此，他初步提出将危险模式理论引入人工免疫系统的构想，但直到 2002 年英国诺丁汉大学的 Uwn 博士及其团队提出树突状细胞算法(dendritic cell algorithm，DCA)并实现了人工先天免疫系统实验平台 Libtissue 后，危险模式理论才正式成为人工免疫系统的一个研究分支，并在异常检测领域有优秀的表现。

树突状细胞(dendritic cell，DC)是免疫系统中抗原提呈细胞的一种，其作用是在“危险信号”的指引下捕获待识别的抗原(待识别物)。树突状细胞算法将树突状细胞看成信号的处理器。输入信号来自于免疫系统周围的环境，输入信号包括致病信号 PAMPs，安全信号(safe signals，SS)，危险信号(danger signals，DS)及炎症性的细胞因子信号(inflammatory cytokines，IC)。上述输入信号之间互相叠加和抑制，其浓度影响树突状细胞的成熟度。如果致病信号和危险信号浓度高，则不成熟树突状细胞(inmature DC，imDC)发育为成熟细胞(mature DC，mDC)，捕获环境中的未知抗原并启动反向选择算法识别；如果安全信号浓度高，则树突状细胞发育为半成熟细胞(semi-mature DC，smDC)，此时认为环境是安全的，不启动反向选择算法识别，如图 10.6 所示。

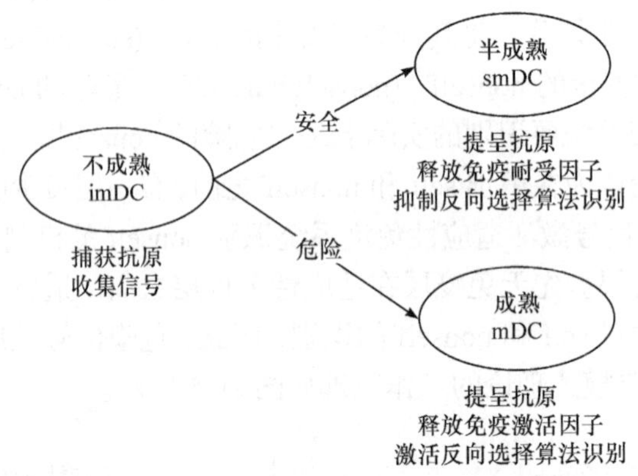

图 10.6　树突状细胞发育及工作过程

可见，在该算法中，树突状细胞所积累的危险和安全信号的浓度差值决定了是否启动下一步的免疫识别算法。该算法在静态的乳腺癌数据检测[33]、网络端口异常扫描检测[34]、网络攻击检测中均取得了不错的识别效果。

在树突状细胞算法中，环境中的安全或危险的信号是决定免疫系统工作的关键，相关信号的功能说明如下。

(1) 致病信号 PAMPs。该信号在生物中是细菌等病原体释放出的信号，在计算机系统中通常用于标识较明确的系统异常信号，占有较高权重。

(2) 危险信号 DS。该信号在生物中是遭到破坏的组织细胞释放的信号，在计算机系统中同样是标识系统异常的信号。与 PAMPs 信号相比，危险信号的权重通常比 PAMPs 低。

(3) 安全信号 SS。该信号在生物中是正常死亡的细胞释放的信号，在计算机系统中其含义是虽然系统出现近似异常的波动，但该波动实际上不是因为出现问题而引起的，是正常的系统调整，即安全的信号。安全信号能够促使 DC 细胞半成熟，倾向于抑制反向选择算法的工作。

在树突状细胞算法中，细胞接收的信号是不断累积的，当收到信号足够多，超过激活阈值时，树突状细胞被激活。如果激活时，PAMPs 信号和危险信号的浓度高于安全信号，则树突状细胞发育为半成熟细胞，不启动反向选择识别，反之树突状细胞发育为成熟细胞，启动反向选择识别。树突状细胞算法与反向选择算法叠加，先判定是否有危险再识别是否存在 nonself，最终识别的异常就是“危险的 nonself”。

设 C_X 为输入浓度，W_X 是权重值，树突状细胞算法计算细胞是否成熟，即是否启动反向选择识别的公式表示为

$$C_{[\mathrm{csm,semi,mat}]}=\frac{(W_P\times C_P)+(W_S\times C_S)+(W_D\times C_D)\times(1+\mathrm{IC})}{W_P+W_S+W_D}\times 2 \tag{10-1}$$

其中，W_P 为 PAMPs 信号权重；C_P 为 PAMPs 信号浓度；W_S 为安全信号权重；C_S 为安全信号浓度；W_D 为危险信号权重；C_D 为危险信号浓度；IC 为炎症信号，是一个对其他信号有放大作用的预设常量。树突状细胞算法应用于不同的问题时各类信号所取权重值不同，不同类型的信号用于计算不同输出浓度时，所取权重也不同，表 10.2 为信号权重的示例。当 C_{csm} 累积到超过提呈阈值时，信号处理完成，DC 细胞迁移至淋巴细胞。此时比较 C_{semi} 和 C_{mat} 如果 $C_{\mathrm{semi}}>C_{\mathrm{mat}}$ 则表明环境安全，不启动反向选择算法识别；如果 $C_{\mathrm{mat}}\geqslant C_{\mathrm{semi}}$ 则环境危险，启动反向选择算法识别。

表 10.2　树突状细胞算法信号的权重示例

	csm	semi	mat
PAMP	4	0	8
DS	2	0	4
SS	3	1	-6

10.3　基于反向选择算法的异常学习行为识别

数字化环境中，不同课程、不同学习阶段、不同学习者群体所表现出异常学习行为各不相同，具有多样性，且什么是异常的学习行为难以界定，存在不确定性。数字化环境中学习行为的上述特征高度契合人工免疫系统的应用场景。学习行为多个维度的特征从多侧面反映了学习者行为的全貌，将学习者的学习行为视为具备多特征的 n 维向量，异常学习行为识别问题转换为 n 维异常向量的识别问题。

人工免疫系统应用于异常学习行为识别的目标是通过已知的正常学习行为特征训练识别器，尽可能准确地识别到未知的异常学习行为向量。如 10.2 节所述，

反向选择算法是人工免疫系统中最经典的算法，基于反向选择算法的异常学习行为识别由训练和识别两个过程构成，如图 10.7 所示。

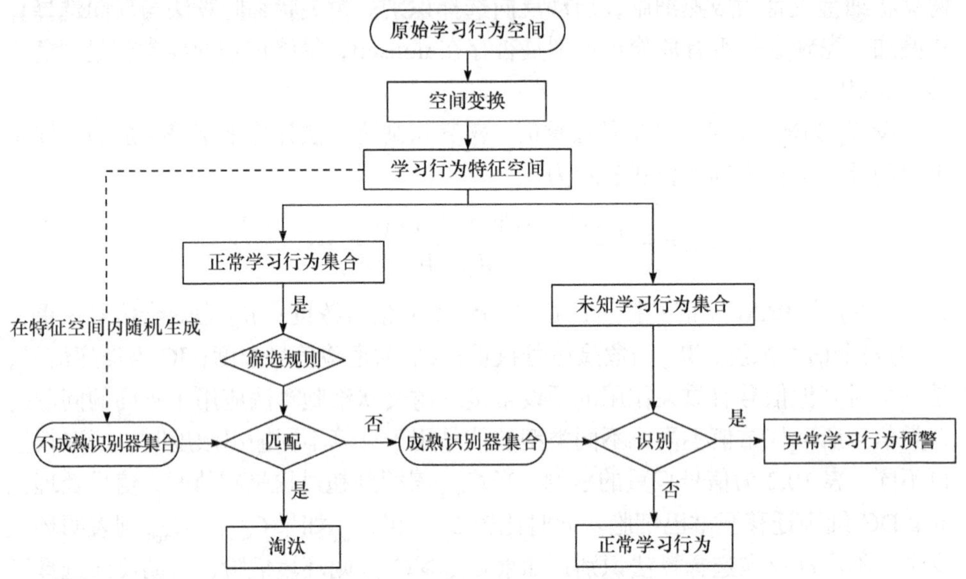

图 10.7　基于反向选择算法的异常学习行为识别模型

算法中，nonself 对应异常的学习行为，self 对应正常的学习行为，算法包含预处理、训练和识别三个阶段。

(1) 预处理。从原始采集的学习行为数据中通过空间变换提取指示性强的学习行为特征，并完成数据清洗和降维，构成 n 维学习行为向量。

(2) 训练。在预处理后的学习行为特征空间中随机生成不成熟识别器，用已知 self 行为反向训练识别器，得到成熟识别器集合。

(3) 识别。成熟识别器集合与未知学习行为向量逐一匹配，直到发现异常学习行为向量，判断学习者学习行为的异常，启动报警。若遍历成熟识别器集合未识别到异常，则判断该学习者学习行为正常。

反向选择算法用于学习行为异常识别的目标是经训练成熟的识别器集合能够通过特征匹配尽可能准确地识别到异常的学习行为。

10.3.1　数据预处理

数字化环境中的学习行为数据常通过系统日志、视频捕获等途径获取，原始学习行为数据通常维度较高且各维度蕴含的信息量差异较大，本研究在反向选择算法的基础上，引入主成分分析算法对原始网络学习行为特征空间进行变换，从原始行为数据中提取信息含量高、代表性强的网络学习行为特征向量，达到降低运算复杂度和提高特征向量特异性的目的。

将原始学习行为数据表示为 k 维向量 $X=(x_1,x_2,\cdots,x_k)^{\mathrm{T}}$，对 m 个 k 维学习行为样本 $X_i=(x_{i1},x_{i2},\cdots,x_{ik})^{\mathrm{T}},i=1,2,\cdots,m,m>k$，进行特征空间变换。对样本阵元进行标准化变换，得到标准化样本阵 Z。记

$$z_{ij}=\frac{x_{ij}-\overline{x_j}}{s_j},\quad i=1,2,\cdots,m;j=1,2,\cdots,k \tag{10-2}$$

其中，$\overline{x_j}=\frac{\sum_{i=1}^{m}x_{ij}}{m},s_j^2=\frac{\sum_{i=1}^{m}(x_{ij}-\overline{x_j})^2}{m-1},j=1,2,\cdots,k$。标准化指标变量 z_i 表示为

$$z_i=\frac{x_i-\overline{x_i}}{s_i},\quad i=1,2,\cdots,k \tag{10-3}$$

对标准化样本阵 Z 求相关系数矩阵，为

$$R=[r_{ij}]_{k\times k}=\frac{Z^{\mathrm{T}}Z}{m-1} \tag{10-4}$$

其中，r_{ij} 是第 i 个原始行为指标与第 j 个指标的相关系数，$r_{ij}=\frac{\sum z_{kj}\cdot z_{kj}}{m-1},i,j=1,2,\cdots,k$。解样本阵相关矩阵 R 的特征方程 $|R-\lambda E|=0$，得到 k 个特征根 $\lambda_1,\lambda_2,\cdots,\lambda_k$。按 $\frac{\sum_{j=1}^{n}\lambda_j}{\sum_{j=1}^{k}\lambda_j}\geqslant P$（$P$ 为累积贡献率，$1\geqslant P\geqslant 0$），确定 n 值即主成分个数，得到 n 主成分向量 $b_1,b_2,\cdots,b_n$ 作为降维后的 n 个学习行为特征向量，即

$$\begin{cases} b_1=x_{11}z_1+x_{21}z_2+\ldots+x_{k1}z_k \\ b_2=x_{12}z_1+x_{22}z_2+\ldots+x_{k2}z_k \\ \vdots \\ b_n=x_{1n}z_1+x_{2n}z_2+\ldots+x_{kn}z_k \end{cases} \tag{10-5}$$

10.3.2　学习行为识别器集合定义

学习行为数据具有多维度、取值范围广、量纲不统一等特点。根据这一特点，在识别器的构建上，采用可变半径的实数向量模型。将 n 个维度的学习行为特征用 n 维实数向量表示，则 self 和 nonself 的形式化定义表示为

$$\text{self}=\{(S_1,\cdots,S_p)\mid S_i\in 1,2,\cdots,p\} \tag{10-6}$$

$$S_i=(s_1,s_2,\cdots,s_n),\quad s\in R$$

$$\text{nonself}=\{(N_1,\cdots,N_q)\mid N_i\in 1,2,\cdots,q\} \tag{10-7}$$

$$N_i = (n_1, n_2, \cdots, n_n),\quad n \in R$$

self 与 nonself 集合间的关系表示为

$$\text{self} \cap \text{nonself} = \varnothing \tag{10-8}$$

$$\text{self} \cup \text{nonself} = \text{ALL} \tag{10-9}$$

识别器集合 detector 随机产生并动态变化，将随机产生的识别器记为 d_i，将训练成熟的识别器集合记为 DM，d_i 首先需要与 DM 匹配，获得耐受 DM 的待选识别器；再与 self 集匹配，得到耐受 self 的识别器，方能加入成熟识别器集合。成熟识别器集合 DM 动态覆盖 nonself 集合，DM 的规模由期望覆盖率 c_0 决定。随机生成的识别器及成熟识别器集合的定义表示为

$$d_i = \langle x_i, r_i \rangle \tag{10-10}$$

$$\text{DM}_t = \text{DM}_{t-1} + (f_m(f_m(d_i, \text{DM}_{t-1}), \text{Self}) \tag{10-11}$$

其中，x_i 是第 i 个识别器的空间坐标，r_i 为识别器半径，f_m 为匹配函数，t 与 $t-1$ 为两个相邻时间片。

用 S_i 、N_i 与 D_i 分别表示 self 集合、nonself 集合和识别器 detector 集合中的一个样本，三者均为 n 维空间实数向量，采用计算两者之间欧几里得距离的方式判断两个向量是否匹配。设匹配函数为

$$f_m(S_i, D_i) = \begin{cases} 1, & \text{ED}(S_i, D_i) \leqslant r_s \\ 0, & \text{ED}(S_i, D_i) \geqslant r_s \end{cases} \tag{10-12}$$

其中

$$\text{ED}(S_i, D_i) = \sqrt{\sum_{j=1}^{n} (s_j - d_j)^2} \tag{10-13}$$

$$S_i = (s_1, s_2, \cdots, s_n), s_j \in R,\quad D_i = (d_1, d_2, \cdots, d_n), d_j \in R$$

识别器训练算法以三种方式收敛：①成熟识别器的覆盖率达到预设覆盖率 c_0；②成熟识别器数量达到预设最大值 $T_{\max}$；③self 覆盖率超过阈值 c_1。c_0 和 c_1 的计算方法分别为

$$c_0 = 1 - 1 / D_{\max} \tag{10-14}$$

$$c_1 = 1 - 1 / S_{\max} \tag{10-15}$$

其中，$D_{\max}$ 为连续生成的，且与已知成熟识别器匹配的新识别器的最大数量；$S_{\max}$ 为连续生成的，且与已知 self 匹配的新识别器的最大数量。

10.3.3　学习行为识别器训练

异常学习行为识别算法由识别器训练和异常识别两个子算法构成。为提高识

别率，如 10.3.1 节所述，在训练阶段通过主成分分析法确定 n 个特征维度，并确定特异性强的正常行为向量作为训练用 self。识别器训练子算法通过随机生成可变长 n 维实数向量作为不成熟识别器，经过反向训练并根据相邻 self 确定半径长度，在完成训练后得到成熟识别器集合。

识别器训练算法如算法 10.1 所示。

算法 10.1　识别器训练算法

输入：已知 self 集合 self $= \{s_i, i = 1, 2, \cdots\}$，self 半径 r_s，成熟识别器集合 DM= $\varnothing$，识别器数量预设最大阈值 $T_{\max}$，预设覆盖率阈值 c_0，预设 self 最大覆盖率 c_1

输出：成熟识别器集合 DM $= \{d_1, d_2, \cdots, d_{T_{\max}}\}$

```
DM = ∅  //初始化成熟识别器集合 DM 为空集
Repeat
    初始化与已知成熟识别器重合的新识别器数量 t, 与已知 self 匹配的新生成识别器数量 T_0
    初始化新识别器的半径 r 为无穷大
    随机生成坐标为 x 的 n 维向量(新识别器)
    生成识别器 d_x<x, r>
    遍历现有成熟识别器
      计算成熟识别器 d_i 与新识别器 d_x 之间的距离
    if(d_d <= r(d_i)) t = t + 1
        if(t >= 1/(1-c_0)) 停止训练，返回 D
    遍历已知 self 集
    计算 self 与新识别器 d_x 之间的距离
      if(d_is–r_s < r)   r = d-r_s
    if(r>0)
      DM = DM ∪ d_x
    else
      T = T + 1
    if (T > 1/(1 − c_1))退出训练
    if (count (DM) = T_max) return DM
```

10.3.4　异常识别

训练成熟的识别器集合 DM 对所有已知的正常学习行为即 self 耐受，能够识别与已知正常行为特征不符的潜在异常行为，即 nonself。异常学习行为识别子算法如算法 10.2 所示。

算法 10.2　异常学习行为识别算法

输入：已知成熟识别器集合 DM，其中每个 d_j 为二元组 d_j<x, r>，x 为坐标，r 为识别器半径；待识别测试集 T，其中每个待测试项 t_i 为二元组 t_i<y, local>，y 为坐标，local 用于标记为 t_i 的实际取值为 self 或 nonself。

输出：TP、TN、FP、FN

```
初始化待识别测试集 T
遍历待识别测试集 T
      遍历成熟识别器集 DM
        if  Distance(t_i, d_j) ⩽ r_{d_j}  如果测试项 t_i 与识别器 d_j 之间的距离小于等于识别器半径
              t_i = nonself
```

```
        else
                t_i = self
遍历已完成识别的测试集 T
计算 TP、TN、FP、FN
```

10.4　实验及分析

本节以 MOOC 辍学作为异常学习行为的实例，检验基于反向选择的异常学习行为识别方法的有效性。

10.4.1　学习行为特征提取

对学习行为领域大量研究成果的归纳和分析发现针对不同学习者群体、不同学习管理系统和不同研究目标，对学习行为特征的采集和归类存在区别。结合本书 9.2.2 节对数字化环境中学习行为特征采集的文献研究，参考主流学习管理平台如超星学习通、中国大学 MOOC、学堂在线等常用的学习行为特征，将可采集的学习行为特征指标归纳为参与、交互、专注、规律四个维度，与各维度相关的指标及指标说明如表 10.3 所示。

表 10.3　数字化学习环境中常见学习行为特征指标

行为特征	相关指标	指标说明
参与	出勤	登录次数
		访问学习内容页面次数
	投入时间	登录总时长
		平均登录时长
		访问学习内容页面总时长
		访问学习内容页面平均时长
交互	频率	登录频率
		访问学习内容页面频率
		视频学习完成率
		资源下载率
	通用交互	访问论坛总时长
		访问论坛总次数
		访问论坛总频率

续表

行为特征	相关指标	指标说明
交互	通用交互	发帖总次数 回帖总次数 所发帖获他人回复总次数
	师生交互	回复教师发帖次数 回答教师问题次数
	同伴交互	回复同伴发帖次数 所发帖获同伴回复次数 参与同伴互评次数
	平台交互	上传学习资源个数
专注	学习专注	作业完成率 完成作业时长 测试完成率 完成测试时长 完成测试次数
	自我监控	访问帮助资源的次数或使用搜索功能次数 查看学习统计次数 在规定时间内提交作业和测试的次数占比
规律	访问规律	平均登录间隔时间 规律登录时间占比(所有登录时间中，最频繁的时间段登录次数占总登录次数的比值)
	学习规律	规律学习时长占比(以小时为单位衡量每次学习的时间长度，计算所有学习次数中，最常见的学习时长占比)

参与指的是学习者遵循和响应学习规定和教师要求的行为。参与行为是数字化学习环境中最基本的一类学习行为，衡量指标包括参与学习活动所花费的时间、频次等[35-37]。

交互指的是学习者与教师、学习同伴、学习平台之间的互动和协作行为。衡量指标包括回答问题、发帖、回帖、留言、参与互评的频次和质量，在小组学习中的贡献记录等。其中交互的次数和频率用以衡量交互的基本特征，交互内容的长度、质量用以衡量深度交互特征[38, 39]。

专注指的是学习者保持注意力的程度，专注可以用发帖长度及平均登录时间反映，还可以用作业或测试的完成率、完成时长、完成质量作为外显指标表示。当学习者专注于学习时，从行为上表现为任务完成率高、完成时长在合理范围内且质量较高[37, 38]。

规律指的是学习者参与活动的规律性，包括平均登录间隔时间、完成学习任务的准时性、学习时段和时长的规律性等[38-40]。

10.4.2 数据集及预处理

出于隐私保护需要，公开可获取的学习行为数据集非常少，常用的有 Edx 数据集、Canvas 数据集和学堂在线提供的用于 2015 年国际知识发现和数据挖掘竞赛(KDDCUP)的数据集。KDDCUP2015 学堂在线公开数据集来源于清华大学学堂在线 MOOC 平台，该数据集包含 2013～2014 年间 39 门网络课程的学习日志记录，共涉及 79186 名学习者，120542 个注册 ID(一个学生、一门课程为一个 ID)，8157277 条行为日志。日志包括从课程开始到 30 天内的行为数据，30 天后的 10 天中如果学习者没有任何记录则标记为辍学。最终实际标记为辍学的人数是 95581 人，没有辍学的人数是 24961 人。数据集包含 7 种原始行为，如表 10.4 所示。

表 10.4 KDDCUP2015 数据集中的原始学习行为

编号	行为	行为描述
1	problem	处理课程作业
2	video	观看课程视频
3	access	访问除视频和作业之外的其他课程对象
4	wiki	访问课程 wiki
5	discussion	访问课程论坛
6	navigate	导航到课程的其他部分
7	page_close	关闭页面

原始数据记录了每个 ID 每次行为的发生时间，数据量庞大、数据特征不够清晰。对原始学习行为数据进行初步整理，为区分学习周期，在每个 ID 第一条行为记录的时间点增加一次 login 行为；同一个 ID 相邻两次行为时间求差，如果时间差小于 0 或时间差大于 5 小时记为一次登录，在该时间点增加一条 logout 行为记录，在下一条记录的时间点增加一条 login 行为记录，一次 login 与一次 logout 之间为一个学习周期。增加的行为记录如表 10.5 所示。

表 10.5 增加的学习行为

编号	行为	行为描述
8	login	登录学习平台
9	logout	退出学习平台

page_close 表示关闭页面行为，与 access 表达的行为具有重复性，对行为特征表达的意义不大，不予采用。调整后的数据包含 problem、video、access、wiki、discussion、navigate、login、logout 共 8 种行为。以 ID 为单位，计算得到每个学习者在每门课程每个学习周期中上述 8 种学习行为的发生次数、发生频率、发生平均时长等学习行为特征。依据 10.4.1 节分析，将学习行为特征数据归纳为参与、交互、专注、规律四个维度，共提取出 20 个学习行为特征，如表 10.6 所示。

表 10.6 学习行为特征提取

行为类别	指标	原始行为	特征编码	指标说明
参与	参与频率	navigate	NCS	每 ID 访问导航页面的总次数
			NCA	每 ID 访问导航页面的频率
		video	VCS	每 ID 访问视频的总次数
			VCA	每 ID 访问视频的频率
		access	ACS	每 ID 浏览的总次数
			ACA	每 ID 浏览的频率
	参与时间	video	VLS	每 ID 观看课程视频的总时长
			VLA	每 ID 观看课程视频的平均时长
		login	LLS	每 ID 登录的总时长
			LLA	每 ID 登录的平均时长
交互	师生同伴交互	discussion	DCS	每 ID 讨论的总次数
			DCA	每 ID 每次登录的平均讨论次数
			DLS	每 ID 访问论坛的总时长
			DLA	每 ID 每次访问论坛的平均时长
专注	学习专注	problem	PLS	每 ID 完成作业的总时长
			PLA	每 ID 每次平均完成作业的时长
	自我监控	wiki	WCS	每 ID 每次登录访问 wiki 的总次数
			WCA	每 ID 平均每次登录访问 wiki 的次数
规律	学习规律	login	LSA	每 ID 平均登录间隔时间
			LCO	登录次数

对数据集中的 enrollment_train 数据表进行描述分析，得到课程数据分布概况如表 10.7 所示。

表 10.7　选课人数统计

描述项	统计值
课程门数	39.000000
平均选课人数	3090.820513
选课人数方差	2838.763564
最小选课人数	645.000000
25 分位选课人数	1237.500000
50 分位选课人数	2008.000000
75 分位选课人数	3507.500000
最大选课人数	12004.000000

从中可看出数据集一共包含 39 门课，最热门的一门课有 12004 人次学习，本实验以这门课为例进行学习行为异常识别。通过进一步观察，得知本课程只有两个月的学习记录情况，12 月和次年的 1 月，在这两个月份中，总体学习行为在数量上适中，其中 12 月总体学习行为量达到小高峰，1 月有所回落。

表 10.6 中的 20 项学习行为特征较全面地反映了每个 ID 的学习行为概况，为判定上述行为特征是否与辍学相关，将行为特征与辍学进行 spearman 相关性分析。为分析各行为特征之间是否存在共线性，对其进行共线性分析，结果如表 10.8 所示。

表 10.8　行为特征指标相关性和共线性分析

<table>
<tr><th>行为类别</th><th>指标</th><th>原始行为</th><th>特征提取</th><th>ρ</th><th>VIF</th><th>VIF
(精简后)</th></tr>
<tr><td rowspan="10">参与</td><td rowspan="6">参与频率</td><td rowspan="2">navigate</td><td>NCS</td><td>−0.445**</td><td>10.557</td><td></td></tr>
<tr><td>NCA</td><td>−0.052**</td><td>3.697</td><td>1.985</td></tr>
<tr><td rowspan="2">video</td><td>VCS</td><td>−0.439**</td><td>8.209</td><td></td></tr>
<tr><td>VCA</td><td>−0.194**</td><td>5.417</td><td>2.606</td></tr>
<tr><td rowspan="2">access</td><td>ACS</td><td>−0.486**</td><td>15.621</td><td></td></tr>
<tr><td>ACA</td><td>−0.253**</td><td>6.441</td><td>3.166</td></tr>
<tr><td rowspan="4">参与时间</td><td rowspan="2">video</td><td>VLS</td><td>−0.398**</td><td>3.875</td><td></td></tr>
<tr><td>VLA</td><td>−0.304**</td><td>3.359</td><td>2.718</td></tr>
<tr><td rowspan="2">login</td><td>LLS</td><td>−0.451**</td><td>7.396</td><td></td></tr>
<tr><td>LLA</td><td>−0.281**</td><td>3.558</td><td>2.230</td></tr>
</table>

续表

行为类别	指标	原始行为	特征提取	ρ	VIF	VIF (精简后)
交互	师生同伴交互	discussion	DCS	−0.353**	3.607	
			DCA	−0.262**	2.660	2.651
			DLS	−0.339**	3.605	
			DLA	−0.298**	2.279	2.144
专注	学习专注	problem	PLS	−0.430**	2.465	
			PLA	−0.361**	2.334	2.294
	自我监控	wiki	WCS	−0.299**	3.468	
			WCA	−0.060**	2.753	2.632
规律	学习规律	login	LSA	−0.376**	1.215	1.159
			LCO	−0.513**	6.899	2.059

注：**在置信度(双侧)为 0.01 时，显著相关。

上述所有行为特征与辍学行为间的 spearman 相关系数 ρ 均在 0.01 显著性水平上显著负相关，说明行为特征的发生数量、频率、时长越大，学习者辍学的可能性就越低。考查行为特征间的共线性发现 VIF 大于 10 的两个特征 ACS 和 NCS，以及 VIF 大于 5 且值最大的两个特征 VCS 和 LLS 与其他行为特征间具有较高的共线性。从逻辑上分析，每个 ID 每一种行为发生次数的总和与发生次数的频率均能表示该行为的频繁度。相对来说，频率表示的是一个学习周期内行为的发生次数，指示性更强。因此去掉所有求和类特征，只保留频率类特征。保留的 11 个行为频率特征 VIF 值如表 10.8 最后一列所示，均在 5 以下，可以认为基本不存在共线性。

考虑到在人工免疫系统中，高维度所需的训练数据量呈几何级数增长，11 维行为特征虽然覆盖较全面，但维度仍偏高。采用主成分分析法对 11 维行为特征降维，KMO = 0.671 > 0.6，bartlett 球形检验显著性 $p = 0.000 < 0.05$，说明该数据集适合作因子分析，可以使用主成分分析法降维。降维后得到的 4 个主成分方差贡献率分别为 29.849%、13.701%、12.486%、9.696%，累计方差贡献率为 65.732%，说明得到的四主成分能较好地表示原 11 维度行为的特征，成分得分系数矩阵如表 10.9 所示。

表 10.9 四主成分得分系数矩阵

	成分			
	FAC1	FAC2	FAC3	FAC4
NCA	0.408	−0.104	−0.003	−0.135
VCA	0.233	0.215	−0.235	0.028

续表

	成分			
	FAC1	FAC2	FAC3	FAC4
ACA	0.322	0.109	–0.179	0.093
DCA	0.126	–0.095	0.431	0.024
LSA	0.072	–0.040	–0.156	0.625
WCA	0.364	–0.206	0.060	0.023
LCO	–0.110	0.015	0.109	0.562
VLA	–0.162	0.468	–0.060	–0.092
LLA	–0.121	0.412	0.175	–0.061
DLA	–0.164	0.073	0.640	–0.057
PLA	–0.083	0.191	0.062	0.067

为便于直观观察各行为特征与主成分间的相关性，对成分矩阵采用最大方差法作正交旋转，调整原行为特征在主成分上的分布，FAC1～FAC4 分别对应参与(PA)、专注(AB)、交互(IN)、规律(RG)四类行为特征一级编码。提取主成分后的行为特征编码一级编码、原始行为和二级编码的对照表如表 10.10 所示。

表 10.10　学习行为特征编码

一级编码	原始行为	二级编码	特征说明	主成分			
				FAC1	FAC2	FAC3	FAC4
PA (参与)	navigate	NCA	每 ID 每学习周期平均登录导航页面的次数	0.815		0.176	–0.153
	access	ACA	每 ID 每学习周期平均访问页面的次数	0.729	0.478		0.151
	wiki	WCA	每 ID 每学习周期访问 wiki 的平均次数	0.683	–0.113	0.246	
AB (专注)	video	VLA	每 ID 每学习周期观看课程视频的平均时长		0.833		
	login	LLA	每 ID 每学习周期登录的平均时长	0.168	0.814	0.285	
	video	VCA	每 ID 每学习周期平均访问视频的次数	0.579	0.603	–0.154	
	problem	PLA	每 ID 每学习周期完成作业的平均时长		0.366	0.107	0.126
IN (交互)	discussion	DLA	每 ID 每学习周期访问论坛的平均时长		0.174	0.860	
		DCA	每 ID 每学习周期平均讨论的次数	0.450		0.687	0.110
RG (规律)	login	LSA	每 ID 平均登录间隔时间	0.114			0.821
		LCO	每 ID 的登录次数	–0.108		0.205	0.772

降维后原行为特征所属类别有所调整，如专注类别对应的行为特征 PLA 依然保留，考虑到原归入参与类别的三个时长特征可以表达在线学习的专注程度，因此将该类别修正为专注类别。原专注类别中的 WCA 经因子分析被归纳到参与中，考虑到 WCA 表达的是访问 wiki 的频率，可以表示学习者在线学习的参与程度，认为该归类方式是合理的。

10.4.3　实验参数设置和评估指标

以 ID 作为学习者的唯一身份识别码，以学习者最终是否辍学作为判断异常学习行为识别成功的基准。如果识别为异常且该 ID 的学习结果为辍学或识别结果为正常且该 ID 的学习结果为正常，则识别正确。为验证反向选择算法识别异常学习行为的效果，将所有参与该门课程学习的 12004 个 ID 的学习行为特征作为实验样本数据集。以主成分分析降维后的 4 个主成分一级编码 PA、AB、IN、RG 作为行为特征的 4 个维度，构成反向选择算法识别的实数向量空间，每个 ID 的学习行为是该 4 维空间的一个超球体。样本数据集拆分为两组，前 8002 条记录作为训练集(self 2471 条，nonself 5531 条)，后 4002 条记录作为测试集(self 307 条，nonself 3695 条)，预设成熟识别器规模 $T_{\max} = 1500$，两个附加识别器集合的收敛条件分别为成熟识别器覆盖率 $c_0 = 0.9998$，self 覆盖率 $c_1 = 0.9995$，训练用 self 半径 $r = 0.01$。

实验采用机器学习中通用的评估指标来评价基于人工免疫的异常学习行为特征识别算法的效果。用正确率 ACC(accuracy)评价识别算法的准确性，用 TP(true positive)、FN(false negative)、FP(false positive)、TN(true negative)来分别表示正样本被识别为正例、正样本被识别为负例、负样本被识别为正例、负样本被识别为负例的样本数，用 FPR(false alarm rate)评价伪肯定率，用 FNR(false negative rate)评价伪否定率。评价指标的计算公式为

$$\mathrm{ACC} = \frac{\mathrm{TP} + \mathrm{TN}}{\mathrm{TP} + \mathrm{TN} + \mathrm{FP} + \mathrm{FN}} \tag{10-16}$$

$$\mathrm{FPR} = \frac{\mathrm{FP}}{\mathrm{TN} + \mathrm{FP}} \tag{10-17}$$

$$\mathrm{FNR} = \frac{\mathrm{FN}}{\mathrm{TP} + \mathrm{FN}} \tag{10-18}$$

10.4.4　学习行为识别结果分析

在不影响算法自适应性的前提下，为消除数据分布不规则的影响，对训练集 self 进行优化以提高训练效率。以课程学习期间内登录行为的发生次数 LCO 作为 self 优化的条件，分别用未优化的 self 训练集及筛选登录 2 次以上 $\mathrm{LCO} \geqslant 2$、

LCO≥3，LCO≥5 三种优化参数进行实验对比，并与 2021 年 Li 等研究者通过加入已知 nonself 引导对反向选择算法训练的改进作对比[26]，结果如表 10.11 所示。从表中可以看出，随着 LCO 值的增大，self 训练集的规模缩小、算法效率提升，识别正确率 ACC 逐渐上升，经过 self 优化后的 ACC 均大于 0.9，准确率较高；同时 FNR 逐渐下降，且均小于 0.06，说明漏报率较低；但同时 FPR 随 LCO 提升迅速升高。综合各评估指标的表现，self 训练集优化方案 LCO≥2 为较好选择，且符合一个学习周期内至少登录两次参与学习的一般性认知。而加入已知 nonself 引导对训练算法优化的方案在本学习行为数据集上表现较差，准确率甚至低于未经优化的 self 集训练算法。

表 10.11 行为特征抽取和 self 训练集优化对异常学习行为识别效果的影响

	无优化	优化 self 训练集			已知 nonself 引导
		LCO≥2	LCO≥3	LCO≥5	
ACC	0.569	0.909	0.913	0.920	0.382
FPR	0.212	0.485	0.723	0.915	0.160
FNR	0.449	0.058	0.034	0.011	0.657
TP	2035	3480	3568	3654	1269
FN	1660	215	127	41	2426
FP	65	149	222	281	49
TN	242	158	85	26	258

10.4.5 同类算法对比分析

为验证人工免疫系统反向选择算法对数字化学习环境下异常学习行为的识别效果，实验选取朴素高斯贝叶斯、决策树、支持向量机三种常用于异常识别的二分类算法作对比，反向选择算法选用特征抽取后的 4 维空间向量，self 训练集优化选择 LCO≥2。每种算法对同一数据集重复实验三次，取三次的均值作为实验结果。三种算法与改进的反向选择算法识别异常学习行为的结果对比如表 10.12 所示。

表 10.12 同类算法识别效果对比

评价指标	反向选择 LOC≥2	朴素高斯贝叶斯	决策树	支持向量机
ACC	0.909	0.782	0.757	0.785
FPR	0.485	0.629	0.528	0.805
FNR	0.058	0.114	0.153	0.029
TP	3480	2782	2575	2953
FN	215	258	465	87

续表

评价指标	反向选择 LOC≥2	朴素高斯贝叶斯	决策树	支持向量机
FP	149	605	508	774
TN	158	357	454	188
训练平均时间复杂度	$O(m*n)$	$O(2n*f)$	$O(n*\log(n)*f)$	$O(n^2)$
识别平均时间复杂度	$O(m)$	$O(2f)$	$O(d)$	$O(f)$

注：n 为 self 训练集的规模/其他算法训练样本规模；m 为识别器集合规模；f 为特征数；d 为树深度。

实验结果显示反向选择算法识别的正确率 ACC = 0.909，显著高于其他三种算法；漏报率 FNR = 0.058 显著低于其他三种算法；误报率 FPR = 0.485 低于朴素高斯贝叶斯和决策树算法，略低于支持向量机。尽管误报率低于其他算法，但本身仍偏高。造成实验中所有算法误报率偏高的原因是本实验数据集严重不均匀。理论上，朴素高斯贝叶斯算法收敛快，对训练集规模要求不高，但该模型假设属性之间相互独立，具体到数字化环境下的异常学习行为研究这一实际问题中，具有指示性的行为特征间难免存在相关性。决策树算法对特征变量间的相关性要求不高，但该算法是基于树形结构的分类方法，对于各类别样本数量不一致的数据，信息增益偏向于那些具有更多数值的特征，且有新样本加入时需要重建决策树，难以做到实时动态识别。支持向量机对高维、小样本数据识别效果较好，本实验样本较小，支持向量机的表现也略优于其他两种算法，但支持向量机对参数和核函数的选择较敏感，自适应性略逊于其他算法。与上述三种算法相比，反向选择算法能同时表达多维特征，接纳了维度间相关性，同时，对算法的改进一定程度上改善了特征数据量不均衡造成的信息增益偏差。反向选择算法在训练阶段不需要太多人工经验的干预，较好地保持了自适应性；有新样本加入时，无论是保持原有成熟识别器集，还是扩容，均比较灵活。对于不均匀的学习行为样本数据(本实验数据集)，识别效果优于其他算法。

在训练阶段，反向选择算法的时间复杂度为 $O(m*n)$，其中 n 为 self 训练集的规模，m 为识别器集合的规模，从算法性能上看，改进的反向选择算法与原反向选择算法的时间复杂度在同一数量级，且对 self 训练集的优化降低了 n 值，即在识别器集合规模 m 相同的条件下，时间复杂度低于原算法。与其他算法相比，改进后的反向选择算法时间复杂度低于支持向量机，高于朴素高斯贝叶斯和决策树算法。在识别阶段，反向选择算法的时间复杂度与其他三个算法在同一数量级。上述算法的时间复杂度与训练样本规模、识别器集合规模、特征维度等参数相关，与朴素高斯贝叶斯、决策树算法相比，反向选择算法在训练阶段的时间复杂度并不占优势，这是由算法本身的性质决定的。但在识别阶段，改进的反向选择算法的时间复杂度与其他算法在同一数量级，不会降低实时识别的效率。在后续研究中，拟通过引入先天免疫系统中的危险理论算法、缩小识别器集合的规模等方式，进一步降低反向选择算法的训练时间复杂度。

10.4.6 实验结果总结

数字化学习环境下的异常学习行为是学习者不正常学习状态的客观表征，及时发现异常学习行为对教师及时调整教学策略，提高数字化环境下学习者的学习成绩和完成率有重要意义。传统基于规则的异常学习行为界定策略自适应性较弱，不适用于实时识别且难以发现未知的异常学习行为。本章采用反向选择算法反向训练识别器集合，能自适应识别未知的异常学习行为，并具备实时识别的能力。通过基于主成分分析的行为特征抽取和对 self 训练集的优化改进原反向选择算法，有效解决了数据集不平衡的问题，提升了识别的准确性。在 KDDCUP2015 数据集上的对比实验，证实了本实验所提出的改进的反向选择算法能较准确地识别未知的异常学习行为，在算法性能相当的情况下，识别准确率高于决策树、朴素高斯贝叶斯、支持向量机等常见机器学习算法。

本实验仅为验证人工免疫系统中的反向选择算法在数字化环境下异常学习行为识别中的作用。实际上反向选择算法只是众多机器学习算法中的一种，异常学习行为识别也只是技术助力学习的应用点之一。随着数字化学习环境的大规模普及，以人工智能为代表的计算机技术在学习行为研究中的应用将更加广泛，技术将进一步推动学习的变革。

参考文献

[1] 史忠植. 智能科学[M]. 北京：清华大学出版社, 2013.

[2] 丁永生. 计算智能：理论、技术与应用[M]. 北京：科学出版社, 2004.

[3] Bezdek J C. On the relationship between neural networks, pattern recognition and intelligence[J]. International Journal of Approximate Reasoning, 1992, 6(2): 85-107.

[4] 涂序彦. 人工智能:回顾与展望[M]. 北京：科学出版社, 2006.

[5] 汪镭, 康琦, 吴启迪. 自然计算——人工智能的有效实施模式[J]. 系统工程理论与实践, 2007, (5): 126-134.

[6] 龚涛, 蔡自兴. 自然计算研究进展[J]. 控制理论与应用, 2006, (1): 79-85.

[7] Forrest S, Perelson A S, Allen L, et al. Self-nonself discrimination in a computer[C]. Proceedings of 1994 IEEE Computer Society Symposium on Research in Security and Privacy, 1994: 202-212.

[8] Hofmeyr S A, Forrest S. Immunity by design: an artificial immune system[C]. The First Annual Conference on Genetic and Evolutionary Computation, 1999: 1289-1296.

[9] Hofmeyr S A, Forrest S, Somayaji A. Intrusion detection using sequences of system calls[J]. Journal of Computer Security, 1998, 6(3): 151-180.

[10] Hofmeyr S A, Forrest S. Architecture for an artificial immune system[J]. Evolutionary Computation, 2000, 8(4): 443-473.

[11] Anchor K, Williams P, Gunsch G, et al. The computer defense immune system: current and future research in intrusion detection[C]. Congress on Evolutionary Computation, 2002: 1027-1032.

[12] Williams P D, Anchor K P, Bebo J L, et al. CDIS: towards a computer immune system for detecting network intrusions[C]. Recent Advances in Intrusion Detection: Fourth International Symposium, 2001: 117-133.

[13] Marmelstein R E, Van Veldhuizen D A, Lamont G B. A distributed architecture for an adaptive computer virus immune system[C]. IEEE International Conference on Systems, Man, and Cybernetics, 1998: 3838-3843.

[14] González F A, Dasgupta D. Anomaly detection using real-valued negative selection[J]. Genetic Programming and Evolvable Machines, 2003, 4: 383-403.

[15] Ji Z, Dasgupta D. Real-valued negative selection algorithm with variable-sized detectors[C]. Genetic and Evolutionary Computation Conference 2004 (GECCO2004), 2004: 287-298.

[16] Ji Z, Dasgupta D. V-detector: an efficient negative selection algorithm with "probably adequate" detector coverage[J]. Information Sciences, 2009, 179(10): 1390-1406.

[17] Ji Z, Dasgupta D. Revisiting negative selection algorithms[J]. Evolutionary Computation, 2007, 15(2): 223-251.

[18] Dasgupta D, KrishnaKumar K, Wong D, et al. Negative selection algorithm for aircraft fault detection[C]. The Third International Conference on Artificial Immune Systems, 2004: 1-13.

[19] Idris I, Selamat A, Omatu S. Hybrid email spam detection model with negative selection algorithm and differential evolution[J]. Engineering Applications of Artificial Intelligence, 2014, 28: 97-110.

[20] Cui L, Pi D, Chen C. BIORV-NSA: bidirectional inhibition optimization r-variable negative selection algorithm and its application[J]. Applied Soft Computing, 2015, 32: 544-552.

[21] Saurabh P, Verma B. An efficient proactive artificial immune system based anomaly detection and prevention system[J]. Expert Systems with Applications, 2016, 60: 311-320.

[22] Yang T, Chen W, Li T. An antigen space density based real-value negative selection algorithm[J]. Applied Soft Computing, 2017, 61: 860-874.

[23] Lu T, Zhang L, Wang S, et al. Ransomware detection based on v-detector negative selection algorithm[C]. International Conference on Security, Pattern Analysis, and Cybernetics, 2017: 531-536.

[24] Fan Z, Wen C, Tao L, et al. An antigen space triangulation coverage based real-value negative selection algorithm[J]. IEEE Access, 2019, 7: 51886-51898.

[25] Yang C, Jia L, Chen B Q, et al. Negative selection algorithm based on antigen density clustering[J]. IEEE Access, 2020, 8: 44967-44975.

[26] Li Z, Li T. Using known nonself samples to improve negative selection algorithm[J]. Applied Intelligence, 2022, 52(1): 482-500.

[27] 王煦法，张显俊，曹先彬，等. 一种基于免疫原理的遗传算法[J]. 小型微型计算机系统，1999, (2): 38-41.

[28] Perelson A S. Immune network theory[J]. Immunological Reviews, 1989, (110): 5-36.

[29] Timmis J. Artificial immune systems: a novel data analysis technique inspired by the immune

network theory[D]. Canterbury: University of Kent, 2000.

[30] De Casto L N. An evolutionary immune network for data clustering[C]. The Sixth Brazilian Symposium on Neural Networks, 2000: 84-89.

[31] De Castro L N, Von Zuben F J. aiNet: an artificial immune network for data analysis[M]//Hussein A, Charles N, Ruhul S. Data Mining: A Heuristic Approach. Hershey: IGI Global, 2002: 231-260.

[32] Burgess M. Computer immunology[C]. 12th Systems Administration Conference, 1998: 283-297.

[33] Greensmith J, Aickelin U, Cayzer S. Introducing dendritic cells as a novel immune-inspired algorithm for anomaly detection[C]. International Conference on Artificial Immune Systems, 2005: 153-167.

[34] Greensmith J, Aickelin U, Twycross J. Articulation and clarification of the dendritic cell algorithm[C]. International Conference on Artificial Immune Systems, 2006: 404-417.

[35] Finn J D. Withdrawing from school[J]. Review of Educational Research, 1989, 59(2): 117-142.

[36] Fredricks J A, Blumenfeld P C, Paris A H. School engagement: potential of the concept, state of the evidence[J]. Review of Educational Research, 2004, 74(1): 59-109.

[37] 李爽, 王增贤, 喻忱, 等. 在线学习行为投入分析框架与测量指标研究——基于 LMS 数据的学习分析[J]. 开放教育研究, 2016, 22(2): 77-88.

[38] Kim D, Park Y, Yoon M, et al. Toward evidence-based learning analytics: using proxy variables to improve asynchronous online discussion environments[J]. Internet and Higher Education, 2016, 30: 30-44.

[39] 刘清堂, 雷诗捷, 张思, 等. 教师工作坊中的用户行为投入研究[J]. 现代远距离教育, 2017, (4): 19-28.

[40] Jo I H, Kim D, Yoon M. Constructing proxy variables to measure adult learners' time management strategies in LMS[J]. Journal of Educational Technology & Society, 2015, 18(3): 214-225.